ACHTSAMKEIT
mit
Kindern

Training und Ratgeber, Meditation und Fantasiereisen
um Kinderseelen stark zu machen

von

Linda Seefeld

„Dieses Buch widme ich meinen drei wunderbaren Kindern: Vanessa, Timo und Nevio."

Linda Seefeld

Inhaltsverzeichnis

Vorwort 9

1. Was ist Achtsamkeit? 11

1.1 Warum es wichtig ist, Kinder achtsam zu erziehen....... 14

2. Ein Vorbild für Kinder sein 16

2.1 Wenn Erwachsene kein gutes Vorbild sind 17

3. Kindern Achtsamkeit näher bringen............................19

3.1 Wann ist der beste Zeitpunkt für Achtsamkeitsübungen? 20

3.2 Welche Übungen du machen kannst.............................. 20

3.3 Wer sollte Achtsamkeitsübungen durchführen?............ 21

4. Meditation und Fantasiereisen......................................22

4.1 Meditation.. 23

4.1.1 Meditation – was ist das?.. 23

4.1.2 Die Vorteile der Meditation 23

4.2 Fantasiereise – was ist das? 24

4.3 Meditation und Fantasiereisen für Kinder 25

4.3.1 Die Konzentrationsfähigkeit von Kindern beachten 26

4.3.2 Tipps für eine entspannte Meditation mit Kindern..26

4.3.3 Das richtige Alter für die Meditation 28

4.3.4 Wann du mit deinem Kind meditieren solltest 28

5. Achtsamkeit in den Alltag integrieren 30

5.1 Das Morgenritual..31

5.2 Das Ritual beim Waschen 32

5.3 Zähneputzen – ein Graus für viele Kinder 34

5.4 Ein Abendritual einführen..35

6. Allgemeine Vorbereitungen auf Meditation und Fantasiereisen 39

6.1 Der richtige Zeitpunkt 39

6.2 Die benötigten Materialien...40

6.3 Genügend Zeit einplanen 41

6.4 Ruhe und Zweisamkeit..41

7. Übungen für mehr Achtsamkeit bei Kindern und Jugendlichen 43

7.1 Die Meditation..43

7.1.1 Die klassische Meditation..43

7.1.2 Die Steinmeditation 45

7.1.3 Die Gebetsmeditation 45

7.1.4 Die Achtsamkeitsmeditation 46

7.1.5 Geführte Meditationen 46

7.2 Die Fantasiereise 48

7.2.1 Grundsätzliche Arten der Fantasiereise 48

7.2.2 Die beruhigende Fantasiereise 49

7.2.3 Die belebende Fantasiereise 50

7.2.4 Fantasiereisen für jedes Alter 52

7.3 Achtsamkeitsübungen für jeden Tag 53

7.3.1 Auf die Atmung achten 53

7.3.2 Die Umwelt bewusst wahrnehmen 54

7.3.3 Essen bewusst genießen 55

7.3.4 Das Gedächtnis trainieren 56

8. Fantasiereisen 57

8.1 Die Reise zum Zwerg (für kleine Kinder) 58

8.2 Ein Nachmittag im Garten (für größere Kinder und Jugendliche) 61

8.3 Befreie dich von der Angst (für Jugendliche) 62

8.4 Im Meer mit einem Delphin (für Kinder und Jugendliche) 64
8.5 Der alte Kirschbaum (für Kinder ab 3 Jahren) 66
8.6 Das Land der Fantasie (für Kinder und Jugendliche) 68
8.7 Der Engel im Himmel (für Kinder ab 6 Jahren) 70
8.8 Eine gute Tat für die Prinzessin (für Kleinkinder) 72
8.9 Drei kleine Feen (für Kleinkinder) 74
8.10 Die Rettung der Prinzessin (für Schulkinder) 76
8.11 Der freundliche Riese (für Schulkinder) 79
8.12 Der Berggeist (für Schulkinder) 80
8.13 Die Bootsfahrt und der Schatz (für Schulkinder und Jugendliche) 82
8.14 Die Welt der Gnome (für Schulkinder und Jugendliche) 84
8.15 Der neue magische Freund (für Schulkinder) 85
8.16 Die Aliens (für größere Kinder und Jugendliche) 87
8.17 Das Eichhörnchen (für Kleinkinder) 89
8.18 Der kleine Drache Fuhu (für Kleinkinder und Schulkinder) 91
8.19 Die Eule Amelia (für Kleinkinder) 93

8.20 Die kleine Meerjungfrau (für Kleinkinder) 95

8.21 Das zauberhafte Einhorn (für Kleinkinder und Schulkinder).. 97

9. Schlusswort 102

Hat dir mein Buch gefallen?..104

Danksagung..105

Lesenswerte Literaturempfehlungen.............................106

„Ein Kind ist ein Buch, aus dem wir lesen und in das wir schreiben sollen"

Peter Rosegger

Vorwort

In der heutigen Zeit muss oft alles schnell gehen. Nur selten kannst du dir Zeit für dich selbst nehmen und dich auf das konzentrieren, was du gerade machst. Meist ist es so, dass du während du eine Tätigkeit ausübst, bereits an andere Dinge denkst, die du noch erledigen musst. Erwachsene Menschen haben den ganzen Tag über Stress und leiden unter diesem Zeitmangel.

Doch wie sieht das bei Kindern aus? Auch hier ist es ähnlich, wie bei erwachsenen Menschen. Der Unterschied besteht nur in den Gedanken, die sich Kinder machen. Heutzutage sind Kinder oft einem enormen Druck ausgesetzt. Bereits im Kindergarten müssen sie viele Dinge können und es werden bestimmte Verhaltensweisen erwartet. „Was? Dein Kind ist mit vier Jahren noch nicht rein"? Solche und andere Fragen hören Eltern immer wieder. Das liegt daran, dass die Gesellschaft gewisse Prinzipien vorgibt, die im besten Fall eingehalten werden. Dies führt zu einem Leistungsdruck bei Kindern. Dieser Leistungsdruck zieht sich durch das ganze Leben.

Kommen Kinder in die Schule, müssen sie ruhig sitzen und sollten gute Noten schreiben. Beginnen Jugendliche einen Beruf zu erlernen, müssen sie bereits in diesen jungen Jahren die volle Leistung bringen. Neben der Arbeit muss aber auch die Berufsschule mit guten Noten abgeschlossen werden. Kein Wunder, dass Kinder und Jugendliche genauso unter Stress stehen, wie auch Erwachsene. Wie kann man diese Situation ändern? Wie kannst du deinem Kind helfen, mit diesem Stress besser umzugehen? Die Antwort lautet, dass du dein Kind achtsam erziehen solltest und ihm bereits in jungen Jahren zeigen solltest, was es bedeutet, achtsam mit sich selbst umzugehen.

In diesem Buch erfährst du alles rund um die Achtsamkeit und die Erziehung von Kindern und Jugendlichen. Du wirst erfahren, was Achtsamkeit ist und warum viele Kinder unter dauerndem Stress stehen. Außerdem erhältst du wertvolle Tipps, wie du deinem Kind helfen kannst. Meditation und Fantasiereisen können ein toller Begleiter in der achtsamen Erziehung deiner Kinder sein.

1. Was ist Achtsamkeit?

Achtsamkeit ist ein Wort, das zurzeit sehr in Mode ist. Eine genaue Definition für Achtsamkeit gibt es jedoch noch nicht. Der Grund dafür ist, dass jeder Mensch etwas anderes unter dem Begriff Achtsamkeit versteht. Jeder Mensch fühlt etwas anderes und hat andere Prioritäten im Leben. Achtsamkeit hat daher mehrere Bedeutungen, wobei du zwei Dinge unterscheiden sollest. Nämlich die Achtsamkeit an sich und die Auswirkungen der Achtsamkeit. Nur wenn du diesen Unterschied verstehst, wirst du die Bedeutung von Achtsamkeit erkennen und diese deinen Kindern beibringen können.

Achtsamkeit ist die Übung, mit der man lernt, achtsam durch das Leben zu gehen. Dies ist nur möglich, wenn du jeden Tag deinen Übungen nachgehst und dich an einen Plan hältst; auch auf den Bezug zu deinen Kindern. Übst du jeden Tag achtsam zu sein, so wird dein Kind ganz natürlich mit diesen Übungen aufwachsen.

Die Auswirkungen der Achtsamkeit sind Entspannung und Gelassenheit. Die Auswirkungen beschreiben jenen Zustand, der entsteht, wenn du Achtsamkeit trainierst. Führst du mit deinen Kindern immer wieder Achtsamkeitsübungen durch, werden sie als gelassener, entspannter Mensch groß werden und mit Stress besser umgehen können. Doch auch du selbst kannst viel erreichen, indem du entspannter durchs Leben gehst und dich weniger von Stress kontrollieren lässt. Du kennst nun den Unterschied zwischen Achtsamkeit an sich und den Auswirkungen von Achtsamkeit. Damit ist die Frage, was

Achtsamkeit eigentlich ist, aber immer noch nicht beantwortet. Bei Achtsamkeit geht es darum, sich auf das Hier und Jetzt zu konzentrieren.

Menschen sind oft abgelenkt. Du wirst diese Situation bestimmt kennen. Du kochst das Mittagessen für deine Kinder, bist aber in Gedanken schon beim Nachmittagsprogramm. Du denkst drüber nach, was du nachmittags noch alles zu erledigen hast, während das Mittagessen wie von selbst vor sich hin köchelt. In dem Moment konzentrierst du dich nicht auf das Hier und Jetzt, sondern lässt dich durch deine Gedanken ablenken.

Der Mensch ist aber nicht dazu in der Lage Multitasking zu betreiben. Auch wenn das ein weit verbreiteter Gedanke ist. Das Gehirn des Menschen ist nicht in der Lage, sich auf mehrere Dinge gleichzeitig zu konzentrieren. Überfordert man das Gehirn, indem man sich durch Gedanken immer wieder ablenken lässt, führt dies zu Stress. Stress, den du eigentlich nicht brauchen kannst. Dies ist nicht nur bei Erwachsenen so.

Auch Kinder sind solchen Situationen ausgesetzt. Während du mit deinen Kindern beim Mittagessen sitzt, fragst du schon, was in der Schule war. Welche Hausaufgaben sind zu machen? Stehen Schularbeiten an? Dein Kind kann sich nicht mehr auf das Essen an sich konzentrieren, sondern schweift mit seinen Gedanken ab. Es isst automatisch weiter, aber denkt nicht mehr groß darüber nach, was es isst. Dies führt einerseits dazu, dass der Körper die Mahlzeit nicht bewusst genießen kann und andererseits stellt sich im Gehirn Stress ein. Achtsamkeit bedeutet also nicht mehr, als dass du dich auf das Hier und Jetzt konzentrierst und deine momentanen Aktivitäten bewusst erledigst.

Außerdem bedeutet Achtsamkeit, dass du gelassen bleibst und viele Dinge aus einem neuen Blickwinkel betrachtest. Manche Situationen bringen dich in Aufruhr und verursachen einen emotionalen Stress. Bist du achtsam, wirst du solchen Situationen nun gelassen und nicht wertend entgegengehen. Dies bringt den Vorteil, dass dein Körper weniger Stress erleidet und du mit vielen Situationen im Leben besser umgehen kannst. Gerade bei Kindern ist dieser Punkt sehr wichtig. Kinder äußern ihre Gefühle sehr stark. Sie denken nicht daran, dass jetzt nicht der passende Moment ist, um einen Wutausbruch zu bekommen oder zu weinen.

Auch positive Gefühle werden von Kindern immer wieder zum Ausdruck gebracht. Ist einem Kind zum Lachen zumute, wird es das tun. Egal, wo es sich gerade befindet. Die positiven Gefühle auszudrücken, bringt Kinder nur selten in eine unangenehme Situation. Ist es jedoch gerade jetzt Zeit für negative Gefühle, kann das sowohl für dein Kind als auch für dich in einer unangenehmen Situation enden. Übst du mit deinem Kind achtsam zu sein, wird es mit seinen Gefühlen besser umgehen und diese angemessener zum Ausdruck bringen können.

1.1 Warum es wichtig ist, Kinder achtsam zu erziehen

Achtsam zu sein bedeutet gelassen und entspannt zu sein. Dies bringt viele Vorteile im Alltag. Dass du dadurch weniger Stress hast, ist klar, aber was bringt es deinem Kind achtsam zu sein?

Ein Kind achtsam zu erziehen ist gar nicht so einfach. Doch mit etwas Übung kann es jeder schaffen, bereits Kleinkindern Achtsamkeit näher zu bringen. Da auch dein Kind entspannter ist, wird es sich im Alltag im Kindergarten oder in der Schule leichter tun. Kleinkinder drücken ihre Gefühle immer aus. Dies werden sie auch weiterhin tun. Dennoch werden Kinder bewusster mit ihren Gefühlen umgehen, was ihnen bereits im Kindergarten viel Ärger ersparen kann. Ein achtsames Kind ist meist sehr beliebt, da es weiß, wie es mit negativen Gefühlen umgehen soll. Vor allem für Jugendliche kann es sehr wichtig sein, Achtsamkeit von klein auf zu trainieren.

In der Pubertät überhäufen sich die Gefühle. Viele Jugendliche leiden unter Stimmungsschwankungen. Wutausbrüche und ein Streit mit den Eltern sind vorprogrammiert. Hat dein Kind aber schon recht früh gelernt, achtsam zu sein, wird es auch in der schweren Zeit der Pubertät besser mit den eigenen Gefühlen klarkommen und diese besser zum Ausdruck bringen. Kann sich ein Kind oder ein Jugendlicher auf eine Sache konzentrieren, wird diese besser gelingen. Dies bringt Vorteile bei Tests und Schularbeiten. Es werden sich bessere Noten ergeben und dein Kind hat bessere Chancen, den Beruf seiner Wahl zu erlernen.

Auch das Leben in der Schule wird um einiges einfacher sein, wenn dein Kind achtsam ist. Streit unter Freunden ist vollkommen normal, aber gerade in der Zeit der Pubertät können Gefühle schnell hochkochen und es kommt zu ernsthaften Problemen. Erziehe dein Kind achtsam, sodass es auch anderen Kindern und Jugendlichen helfen kann, mit den eigenen Gefühlen im Reinen zu sein.

2. Ein Vorbild für Kinder sein

Kinder lernen von klein auf von ihren Eltern. Neugeborene sind noch wahre Experten bei dem Thema Achtsamkeit. Sie konzentrieren sich nur auf eine Sache und nehmen ihre Umgebung intensiv wahr. Werden Kinder größer, beginnen sie ihre kleine Welt zu entdecken. Sie beobachten Erwachsene und lernen von deren Verhalten.

Kinder achten darauf, wie Erwachsene mit Gefühlen umgehen. Sie lernen Emotionen zu deuten und diesen zum Ausdruck zu bringen. Vermittelst du deinem Kind, dass es okay ist Gefühle zuzulassen und diese auszudrücken, wird dein Kind das auch tun. Vermittelst du deinem Kind aber, dass es nicht angebracht ist, negative Emotionen zu zeigen, wird sich das kleine Wesen auch dies merken. Kinder beobachten den ganzen Tag. Sie achten darauf, wie du dich verhältst, wenn du wütend, traurig oder fröhlich bist. Dieses Verhalten schauen sie sich ab und geben es genauso wieder.

Wirst du beim Sprechen lauter, wenn du zornig bist, wird dein Kind auch schreien, wenn es einen Wutanfall hat. Vermittelst und zeigst du deinem Kind aber, dass du mit Gefühlen umgehen und Emotionen ausdrücken kannst, wird dein Kind das ebenfalls können. Daher ist es sehr wichtig, dass du Kindern von klein auf lernst, wie es mit welchen Emotionen umgehen soll. Sieht dein Kind, dass du dich beruhigst und dich kurz sammelst, wenn du zornig bist, wird dein Kind das später auch können.

Die regelmäßige Übung ist besonders wichtig und auch Ausrutscher dürfen passieren. Jeder Mensch empfindet den ganzen Tag über viele Emotionen und auch Wut darf einmal hochkochen. Vermittle deinem Kind, dass es vollkommen normal ist, auch mal wütend zu sein, aber zeige ihm gleichzeitig, wie es mit dieser Situation umgehen kann.

2.1 Wenn Erwachsene kein gutes Vorbild sind

Dein Kind wird in erster Linie darauf achten, was du den ganzen Tag machst und wie du dich verhältst. Dennoch verlässt du auch öfter das Haus mit deinem Kind, wo es mit anderen Menschen konfrontiert ist. Egal, ob es sich um Familienmitglieder oder fremde Menschen handelt – dein Kind wird immer darauf achten, wie sich Menschen verhalten.

Auch im Kindergarten lernen Kinder von anderen Kindern und den Erzieherinnen. Natürlich wird dein Kind immer wieder auf

Menschen stoßen, die nicht besonders achtsam sind. Es könnte dann verschreckt sein oder mit der Situation nicht umgehen können. Es ist sehr wichtig, dass du mit deinem Sohn / deiner Tochter stets über das Erlebte sprichst. Frag dein Kind nach seinem Tag und geh auch auf die unangenehmen Situationen ein. Es ist in diesem Moment sehr wichtig, dass du deinem Kind erklärst, warum manche Menschen ihre Gefühle anders zum Ausdruck bringen, als du es tust.

Kinder müssen verstehen und begreifen, was es bedeutet achtsam zu sein und wie sie sich in Situationen verhalten sollen, wenn Menschen nicht achtsam mit ihren Gefühlen umgehen. Du bildest quasi das emotionale Sicherheitsnetz für dein Kind. Bereits von klein auf, solltest du deinen Liebling beobachten, um zu wissen, wie er / sie reagiert, wenn jemand einen Gefühlsausbruch hat. Es ist wichtig, dass du dein Kind kennst und verstehst.

3. Kindern Achtsamkeit näher bringen

Kindern Achtsamkeit näher zu bringen ist oft gar nicht so einfach und benötigt ein gewisses Maß an Disziplin und Kontinuität. Möchtest du dein Kind achtsam erziehen, kannst du im zarten Alter von fünf Jahren damit beginnen. Babys sind noch Experten beim Thema Achtsamkeit, denn sie konzentrieren sich nur auf eine Sache und äußern ihre Gefühle und ihre Bedürfnisse.

Werden Kinder etwas größer beginnen sie ihre Umwelt zu entdecken und sind vielen Eindrücke ausgesetzt. Kinder spielen und lernen dabei. Du hast bestimmt schon öfter beobachtet, dass dein Kind viele Dinge anfängt, aber nichts zu Ende bringt. Das liegt daran, dass Kleinkinder sich leicht ablenken lassen und sich nicht lange auf eine Sache konzentrieren können. Sie müssen so viele Dinge gleichzeitig entdecken und sind so vielen Eindrücken ausgesetzt.

Erst im Alter von fünf Jahren beginnen Kinder sich auf eine Arbeit zu konzentrieren. In diesem Alter kannst du mit deinem Sohn / deiner Tochter die ersten Spiele spielen, malen, zeichnen und basteln. Dein Kind wird bei der Sache bleiben und diese zu Ende führen. Jetzt ist der richtige Zeitpunkt gekommen, um mit deinem Kind die ersten Achtsamkeitsübungen durchzuführen. Bedenke aber, dass dein Kind nicht immer gleich konzentriert ist. Gehe auf das momentane Gemüt deines Lieblings ein und führe die Übungen dann durch, wenn das kleine Wesen guter Laune ist. So erzielst du mehr Erfolge und dein Kind wird besser mitmachen.

Es kann anfangs normal sein, dass dein Kind die Übungen abbricht, weil es keine Lust hat oder es sich von anderen Dingen ablenken lässt. Lass dich davon nicht entmutigen und versuche dieselbe Übung einfach am nächsten Tag wieder durchzuführen. Bleibe immer am Ball und übe regelmäßig. So werden Achtsamkeitsübungen zu einem fixen Bestandteil des Alltags. Außerdem wird dein Kind die Zeit mit dir genießen.

3.1 Wann ist der beste Zeitpunkt für Achtsamkeitsübungen?

Kinder haben vormittags und nachmittags die beste Aufnahmefähigkeit. Hast du die Möglichkeit, kannst du bereits am Vormittag mit einer kurzen Achtsamkeitsübung beginnen. Auch Rituale für den Morgen findest du später in diesem Buch. Bedenke aber, dass es den perfekten Zeitpunkt nicht gibt. Jedes Kind entwickelt sich individuell und hat persönliche Eigenheiten. Ein Kind ist eher morgens aktiv, während andere Kinder erst abends so richtig in Fahrt kommen. Gehe auf den Rhythmus deines Kindes ein und finde so den passenden Zeitpunkt für euch.

3.2 Welche Übungen du machen kannst

Du findest in einem späteren Kapitel sehr viele Achtsamkeitsübungen, die du bereits beim Aufstehen oder erst beim Schlafengehen durchführen kannst. Meditation und Fantasiereisen sind ebenfalls gute Möglichkeiten, um deinem Kind Achtsamkeit näher zu bringen. Auch dazu findest du einige

Übungen in diesem Buch. Wichtig ist, dass du unterschiedliche Methoden ausprobierst, denn nicht jede Methode ist für jedes Kind geeignet.

3.3 Wer sollte Achtsamkeitsübungen durchführen?

Kinder lernen sehr viel von Vertrauenspersonen. Meist sind dies die Eltern, aber auch die Geschwister und Großeltern zählen oft zu Vertrauenspersonen. Wichtig ist, dass dein Sohn / deine Tochter die Übungen täglich mit der gleichen Person durchführen kann. Solltest du diese Aktivität übernehmen und einmal ausfallen, sollten die Übungen dennoch weiterhin gemacht werden. Das Wichtigste im Umgang mit Achtsamkeit ist die Regelmäßigkeit der Übungen. Hast du bereits Achtsamkeitsübungen als Rituale in deinen Alltag integriert, ist es wichtig, dass das Kind diese Rituale auch bei den Großeltern hat. Egal, wo dein Kind übernachtet oder wer auf dein Kind aufpasst – die Rituale sollten immer die gleichen sein.

4. Meditation und Fantasiereisen

Meditation und Fantasiereisen spielen eine große Rolle im Umgang mit Achtsamkeit. Durch unterschiedliche Meditationsmethoden und Fantasiereisen kannst du dich besser entspannen und deinen Alltag bewusster erleben. Dies ist auch bei Kindern der Fall. Kinder können natürlich nicht die klassischen Methoden anwenden, die auch Erwachsene durchführen. Es gibt aber eine ganze Reihe Meditationen und Fantasiereisen, die auch für kleinere Kinder geeignet sind.

Ist dein Kind größer und kommt ins jugendliche Alter, wird es alleine meditieren oder sich abends vor dem Schlafengehen auf eine Fantasiereise begeben. Doch so lange dein Kind noch klein ist, braucht es dich, um sich zu entspannen. Du kannst deine Zeit mit deinem Liebling nutzen, um gemeinsam eine spannende Reise zu machen oder Entspannung in der Meditation zu finden.

4.1 Meditation

4.1.1 Meditation – was ist das?

Meditation wird in vielen Religionen und Kulturen genutzt, um den Geist zu entspannen. Der Körper und die Seele sollen sich beruhigen, sodass du deinen inneren Frieden findest. Der Vorteil dabei ist, dass du dich entspannter fühlst und mit dem Stress des Alltags besser umgehen kannst. Egal, ob du morgens meditierst, um gut in den Tag zu starten, oder deinen Tag mit einer Meditation ausklingen lasst – die Wirkung ist immer dieselbe.

Die Meditation besteht aus bewusstseinserweiternden Übungen, die beruhigende und ausgeglichene Bewusstseinszustände anstreben. Man spricht davon, dass sich der Geist im Hier und Jetzt befindet und sich nur auf den Körper konzentriert. Der Stress und die Umgebung werden dabei ausgeblendet und die Seele kann sich vollkommen entspannen.

4.1.2 Die Vorteile der Meditation

Bevor du mit deinem Kind die Meditation durchführst, solltest du dir bewusst sein, welche Vorteile die Mediation bietet. Für uns Erwachsene ist es einfach die Meditation zu verstehen und auch die Vorteile zu erkennen. Für Kinder ist dies nicht so einfach. Erkläre deinem Kind daher den Begriff Meditation und sprich mit ihm / ihr auch über die Auswirkungen der Meditation. Die Meditation hat viele positive Auswirkungen auf den Körper und den Geist. Die Konzentrationsfähigkeit wird verbessert. Dies hilft dir dich im Alltag besser auf bestimmte Tätigkeiten vorzubereiten und diese durchzuführen. Auch bei Kindern wird die Konzentration erheblich erhöht, was zu einem leichteren Erreichen der eigenen Ziele führt. Der Schulalltag oder auch der Tag im Kindergarten kann besser genutzt werden und die Kinder fühlen sich wacher und ausgeruhter.

Eng damit verbunden ist ein weiterer Vorteil, denn die kognitiven Fähigkeiten werden verbessert. Darunter fallen Dinge wie das Lernen, das Lösen von Problemen, die Kreativität und auch das Erinnern. Dein Kind und auch du kannst diese Dinge im Alltag besser umsetzen. Das Gedächtnis wird ebenfalls angekurbelt, sodass sich dein Kind an viele Dinge besser erinnern kann. Das Angstgefühl wird vermindert und dein Kind wird mit neuen Situationen besser umgehen können. Außerdem kann die Meditation das Selbstbewusstsein deines Kindes stärken. Dadurch fühlt sich der kleine Mensch stärker und kann sein Leben besser meistern.

4.2 Fantasiereise – was ist das?

Fantasiereisen sind der Meditation ähnlich. Das Ziel und der Zweck sind jedoch andere. Während die Meditation dafür gemacht wurde, um die Seele zu entspannen, kannst du mit Fantasiereisen einen sicheren Ort schaffen und innere Kräfte aufspüren. Das Ziel der Fantasiereise ist ein tiefer erholter Ruhezustand des Körpers. Während Meditation oft in der Stille durchgeführt wird, nimmt ein Sprecher dich bei der Fantasiereise mit auf ein spannendes Abenteuer. Dadurch konzentrierst du dich auf das, was der Sprecher dir erzählt. Fantasiereisen gibt es in unterschiedlichen Formen. Du kannst über Berge wandern und tiefe Wälder erkunden. Aber auch eine Reise über das Wasser oder tief in den Dschungel ist möglich. Durch solch eine Fantasiereise werden die Bilder im Kopf zur Wirklichkeit. Dies hat den Vorteil, dass der Geist vielen positiven Sinneseindrücken ausgesetzt ist. Damit wird Stress im Gehirn abgebaut und negative Gedanken vertrieben.

4.3 Meditation und Fantasiereisen für Kinder

Auch auf Kinder haben Meditationsübungen dieselbe Auswirkung, wie auf Erwachsene. Kinderseelen müssen genauso zur Ruhe kommen. Kinder haben oft noch viel mehr zu verarbeiten, als Erwachsene. Mit der richtigen Meditationsmethode werden sie glücklicher und zufriedener sein. Für kleinere Kinder eigenen sich Fantasiereisen oft besser, um sich zu entspannen. Kleinkinder haben noch sehr viel Fantasie und genießen es meist, ein spannendes Abenteuer zu erleben. Die Meditation zielt darauf ab, dass du dich auf das Hier und Jetzt konzentrierst, um eins zu sein mit deinem Körper. Kinder tun sich meist leichter, wenn sie etwas erzählt bekommen und sich die Dinge vorstellen können. Es gibt einige Meditationsübungen für Kinder, die du später in den Kapiteln 6 und 7.1 lesen kannst. Auch die Möglichkeiten unterschiedlicher Fantasiereisen findest du im Kapitel 7.2 und im Kapitel 8.

4.3.1 Die Konzentrationsfähigkeit von Kindern beachten

Während du eine lange Meditation oder Fantasiereise beginnen kannst, ist die Konzentrationsfähigkeit deines Kindes noch nicht so ausgereift. Kinder können sich nur eine kurze Zeit auf eine Sache konzentrieren. Achte daher genau darauf, wie lange die Meditation dauern soll. 5 bis 7-jährige Kinder können sich nur etwa 15 Minuten konzentrieren und daher sollte die Meditation auch nicht länger dauern. 7 bis 10-jährige Kinder haben eine Konzentrationsspanne von etwa 20 Minuten und 12-jährige Kinder können sich etwa 25 Minuten mit einer Sache befassen. Jugendliche ab 12 Jahren können Meditation für etwa 30 Minuten durchführen. Beachte diese Zeiten und wähle so die passenden Fantasiereisen und Meditationsarten für dich und dein Kind aus.

4.3.2 Tipps für eine entspannte Meditation mit Kindern

Bevor du mit deinem Kind meditierst, solltest du deine eigenen Erfahrungen sammeln. Geh die einzelnen Meditationstechniken durch und probiere alle aus. Entscheide danach, welche Technik dir am meisten zusagt und führe diese mit deinem Kind durch. Du solltest stets eine positive Ausstrahlung besitzen und deinem Kind ein positives Gefühl gegenüber der Meditation geben. Bist du negativ eingestellt, spürt dies dein Kind und wird sich nicht auf eine Meditation einlassen.

Ein weiterer wichtiger Punkt ist, dass du dir nicht zu viel erwarten solltest. Beginnst du mit deinem Kind erst mit Meditation oder Fantasiereisen, so kann es einige Zeit dauern, bis dein Kind sich richtig fallen lässt und sich auf die Meditation einlässt. Manche Kinder können dies schneller als andere. Andere Kinder wiederum benötigen viel Zeit und mehrere Versuche bis das Meditieren richtig klappt. Gib deinem Kind die nötige Zeit.

Ein wichtiger Schritt auf dem Weg zur Meditation mit Kindern ist die Wahrnehmung der eigenen Gefühle. Ebenfalls ist es wichtig, dass du deine eigenen Gefühle zeigen oder unterdrücken kannst. Du solltest niemals enttäuscht sein, wenn die Meditation nicht sofort gelingt. Zeig deinem Kind nicht, dass du mehr erwartet hast und in diesem Moment enttäuscht bist. Dein Kind wird sonst negative Gefühle gegenüber der Meditation entwickeln und aufgeben. Außerdem vermittelst du deinem Kind damit, dass es nicht so reagiert hat, wie du es erwartest und wird sich schlecht fühlen. Dein Kind bekommt das Gefühl versagt zu haben, was in weiterer Folge zu Schuldgefühlen übergehen kann.

Beginnst du mit der Meditation, solltest du deinem Kind vorab alle Schritte erklären. Wichtig ist hierbei, dass du deine Anweisungen kurz und präzise aussprichst. Dein Kind kann mit langen Anweisungen nichts anfangen und diesen nicht folgen. Nimm dir nach der Meditation ausreichend Zeit und sprich mit deinem Kind über seine Erfahrungen. Ihr könnt darüber diskutieren, was dir oder deinem Kind nicht gefallen hat und was ihr beim nächsten Mal ändern wollt. Fordere dein Kind auf, offen mit dir zu sprechen und seine Gefühle auszudrücken. Auch Wünsche sollten klar formuliert werden.

4.3.3 Das richtige Alter für die Meditation

Je nach Alter des Kindes und je nach Art der Meditation gibt es unterschiedliche Zeitpunkte, wann du eine Meditation durchführen sollst. Grundsätzlich können Kinder ab dem 6. Lebensjahr mit der Meditation beginnen. Vorher ergibt es wenig Sinn, denn die Kinder werden weder den Begriff Mediation, noch den Sinn von ihm verstehen. Kleinkinder wissen nicht, was es bedeutet mehr Selbstbewusstsein zu besitzen oder warum eine verbesserte Konzentration wichtig ist. Dein Schulkind allerdings versteht den Hintergrund der Meditation und wird deinen Anweisungen besser folgen können.

Möchtest du jedoch dein Kleinkind an die Meditation heranführen, kannst du mit Fantasiereisen beginnen. Für Kleinkinder ausgelegte Reisen können bereits mit 2 Jahren als Gute-Nacht-Geschichte vorgelesen werden. Der Vorteil hierbei ist, dass dein Kind mit der Meditation und den Fantasiereisen groß wird und dies ein gutes Abendritual ist, um den Tag ausklingen zu lassen. Dein Kind genießt etwas Zeit mit dir, während du eine Geschichte vorliest. Auch Kleinkinder können diesen Geschichten folgen und sich daran erinnern.

4.3.4 Wann du mit deinem Kind meditieren solltest

Den richtigen Zeitpunkt für eine Meditation ist nicht immer einfach zu wählen. Möchtest du die Konzentrationsfähigkeit deines Kindes verbessern, kannst du vormittags oder nachmittags eine Meditation beginnen. Soll sich dein Kind beruhigen und müde werden, um eine entspannte Nacht zu haben, ist es sinnvoll die Meditation am Abend vor dem Zubettgehen durchzuführen.

Wie du siehst, gibt es viele Möglichkeiten den richtigen Zeitpunkt zu finden. Wähle einen Zeitpunkt nach den individuellen Bedürfnissen deines Kindes aus. Jedes Kind ist anders und jedes Kind braucht etwas anderes. Manche Kinder wollen schon früh morgens meditieren, um konzentriert in den Tag zu starten, während andere Kinder den Tag gerne mit einer Fantasiereise oder einer Meditation ausklingen lassen. Für Kleinkinder ist es oft besser den Abend mit einer Fantasiereise zu beenden, da kleine Kinder das Erlebte im Schlaf verarbeiten. Einen guten Abschluss des Tages zu haben, hilft Albträumen vorzubeugen und sorgt für einen entspannten Schlaf.

5. Achtsamkeit in den Alltag integrieren

Der Alltag ist für Kinder oft schwerer zu begreifen, als für Erwachsene. Kinder haben ein anderes Zeitgefühl und können mit Uhrzeiten nichts anfangen. Während Erwachsene immer wieder auf die Uhr sehen, um zu wissen, was sie als Nächstes tun müssen, lernen Kinder das Zeitgefühl durch Rituale zu verstehen. Alle Eltern geben automatisch Rituale vor, ohne sich dessen bewusst zu sein. Morgens gibt es Frühstück, Vormittag ist dein Kind vielleicht im Kindergarten. Danach bekommt es Mittagessen und am Nachmittag steht immer wieder etwas anderes am Programm. Die meisten Rituale werden abends durchgeführt. Pyjama anziehen, Zähne putzen und ins Bett legen. Jetzt weiß dein Kind, dass es Zeit ist zu schlafen. Dein Kind weiß das nur aufgrund der Rituale. Du kannst Achtsamkeitsübungen als Rituale in den Alltag integrieren. Das hilft deinem Kind dabei, achtsam aufzuwachsen und entspannter zu sein.

Rituale haben drei wesentliche Funktionen:

- Die emotionale Verbundenheit zwischen dir und deinem Kind wird gestärkt
- Durch die ständige Wiederholung der Rituale gibst du deinem Kind Sicherheit
- Kinder können sich besser orientieren und alltägliche Abläufe müssen nicht immer wieder neu diskutiert werden

5.1 Das Morgenritual

In jeder Familie sieht der Morgen anders aus. Manche Kinder brauchen es, dass man sie sanft aufweckt, während andere voller Energie aus dem Bett springen. Um mit deinem Kind gut in den Tag zu starten, kannst du bereits morgens eine kurze Achtsamkeitsübung ins Morgenritual einfließen lassen. Fordere dein Kind zuerst auf, liegen zu bleiben und ein paar Mal tief ein- und auszuatmen. Frage dein Kind nach seinem Befinden und seiner Laune. Dein Sohn / deine Tochter soll dir erzählen, wie es ihm / ihr geht und wie sich dein Kind fühlt. Frag bewusst nach, wie sich der Kopf anfühlt und welche Gefühle sich im Bauch breitmachen.

Du kannst jedes Körperteil mit deinem Kind besprechen. So lernt dein Liebling den eigenen Körper bewusster wahrzunehmen und auch negative Gefühle zu empfinden. Tut der Bauch etwas weh oder leidet dein Kind unter leichten Kopfschmerzen, kannst du bewusst darüber sprechen. Gehe dann zum nächsten Körperteil über. So lernt dein Kind sich von negativen Gefühlen zu trennen und sich auf die positiven Empfindungen zu konzentrieren. Diese Übung kannst du mit Kindern jeden Alters durchführen.

Dieses Morgenritual hilft deinem Kind entspannt und mit einem freien Kopf in den Tag zu starten. Zusätzlich zum Ritual solltest du auf die Bedürfnisse deines Kindes hören. Möchte es morgens ein paar Minuten mit dir kuscheln, kannst du dich zu ihm ins Bett legen und ihr geht das Morgenritual gemeinsam – im Bett liegend – durch. Vielleicht fühlt sich dein Kind wohler, wenn das Fenster dabei geöffnet ist und frische Luft den Raum durchströmt oder dein Kind möchte dabei leise seine

Lieblingsmusik hören. Wichtig ist, dass du dir in der Früh schon genügend Zeit für das Morgenritual nimmst. So vermittelst du deinem Kind Ruhe und ihr könnt beide entspannt in den Tag starten.

5.2 Das Ritual beim Waschen

Kinder und Jugendliche kommen in eine Phase, wo sie sich nicht besonders gerne waschen. Vor allem Kleinkinder mögen es nicht zu duschen oder die Haare zu waschen. Als Alternative bietet sich hier die Badewanne an. Es ist besonders wichtig, dass du deinem Kind von klein auf das Baden beibringst. Hier kann es hilfreich sein, das Baden zum Spiel zu machen. Du kannst Badetiere oder sonstiges Spielzeug verwenden, um mit deinem Kind zu spielen, während es im Wasser sitzt. Du solltest dir ausreichend Zeit nehmen und deinem Kind Ruhe vermitteln.

Ein entspanntes Bad als Abendritual einzuführen, gibt deinem Kind Sicherheit. Du könntest auch gemeinsam mit deinem Liebling in die Badewanne steigen. Zeige dem Kleinen, dass das Baden Spaß macht und entspannend ist. Ist dein Kind schon etwas größer, könntest du die Zeit nutzen, um über den Tag zu sprechen. Du kannst über die Gefühle deines Kindes reden und ihr könnt Geheimnisse austauschen. Dies gibt jungen Menschen das Gefühl der Geborgenheit und der Liebe. Ist das abendliche Bad ein fixes Ritual, wird es für dein Kind alltäglich sein und du wirst nie in die Phase kommen, wo sich dein Sohn / deine Tochter gegen das Waschen wehrt.

Eine größere Herausforderung ist meist das Waschen der Haare. Kleinkinder mögen es nicht, wenn das Wasser über den Kopf und über das Gesicht rinnt. Auch diese Aktivität kannst du mit Spiel und Spaß verbinden. Du könntest deinem Kind eine Geschichte erzählen und es auf ein spannendes Abenteuer durch den Wald mitnehmen. Wenn ihr dann an einem Wasserfall angekommen seid, stellt sich dein Kind unter das Wasser. Du kannst nun mit viel Spaß einen Becher Wasser über den Kopf deines Kindes kippen. Vergiss nicht, dabei den Spaß zu vermitteln und zu lachen. Dein Liebling wird so von klein auf lernen, dass Wasser im Gesicht nichts Schlimmes ist. Auch kleine Badetiere können ein Gespräch mit dem Kleinen führen und ihm das Wasser über den Kopf kippen. Je mehr Spaß du beim Baden und Haare waschen hast, umso lustiger wird es auch für dein Kind.

5.3 Zähneputzen – ein Graus für viele Kinder

Beim Zähneputzen ist es nicht anders, als auch beim Waschen. Viele Kinder mögen es nicht, wenn die Zahnbürste durch den Mund fährt. Viele Kinder beißen die Zähne fest zusammen und das Putzen der Zähne wird somit zur Qual. Erwachsene wissen, wie wichtig es ist, auf die Gesundheit der Zähne zu achten. Kinder machen sich nur wenig aus diesem alltäglichen Verhalten.

Du solltest bereits in jungen Jahren mit dem Putzen der Zähne beginnen. Zeigt sich der erste Zahn kannst du dein Kind mit der Zahnbürste vertraut machen und ihm diese zum Spielen geben. Ist dein Kind etwas älter, wird es selbst die Zähne putzen wollen. Jetzt ist es an der Zeit für Spiele im Badezimmer.

Spiel 1:

Du musst die Kariesmonster vertreiben. Jage mit der Zahnbürste nach den kleinen Monstern im Mund deines Kindes. Viele Kinder spielen dieses Spiel sehr gerne. Sie öffnen den Mund und du versuchst immer wieder die kleinen Tierchen zu erwischen. Auch dein Kind kann selber Hand anlegen und die Monster vertreiben. Ihr solltet beide Spaß bei der Sache haben und euch ausgiebig Zeit nehmen.

Spiel 2:

Ein Kinderlied beim Zähneputzen lenkt nicht nur dein Kind ab, sondern verbreitet auch gute Laune. Es gibt zahlreiche Kinderlieder über das Putzen der Zähne. Du kannst schon früh anfangen deinem Kind dieses Lied immer wieder vorzusingen. Ist es dann Zeit die Zähne zu putzen, beginnst du zu singen. Das gibt deinem Kind ein Gefühl des Vertrauens. So hast du bessere Chancen in den Mund deines Kindes zu kommen und die Zähne zu putzen. Singt gemeinsam und habt Spaß, denn so wird Zähneputzen nie zur Qual.

5.4 Ein Abendritual einführen

Kinder leben ihren Alltag und passen ihr Zeitgefühl an Rituale an. Das Abendritual ist eines der wichtigsten Rituale für dein Kind. Jetzt ist es Zeit zur Ruhe zu kommen und den Körper in den Schlafmodus zu bringen. Dies kann nur gelingen, wenn auch die Seele zur Ruhe kommt und mit dem Tag abschließen kann. Jedes Kind ist anders und jedes Kind braucht etwas anderes. Manche Kinder müssen sich abends noch kurz austoben, bevor sie den Weg ins Bett finden. Einige Kinder wollen eine Geschichte hören, um einzuschlafen und andere Kinder möchten Musik hören. Wichtig ist, dass du jeden Tag dasselbe Ritual durchführst, um deinem Kind Sicherheit und Vertrauen zu vermitteln. Stelle klar, dass du immer in der Nähe bist und dein kleiner Liebling nie alleine ist. Bitte lass dein Kind nicht schreien, wenn es mal nicht schlafen kann. Dies zerstört das Urvertrauen deines Lieblings.

Ritual 1: Hörspiele und Musik

Wenn dein Kind bereits alleine im Zimmer einschlafen will, könntet ihr gemeinsam am Abend ins Kinderzimmer gehen. Macht gemeinsam die Rollos zu und schaltet einen CD-Player ein. Dein Kind kann Hörspiele oder Musik hören. Dein kleiner Liebling kuschelt sich in sein Bett und du beendest den Tag mit einem Gute-Nacht-Kuss. Während ihr euch noch zuwinkt, löschst du das Licht und verlässt den Raum. Sag deinem Kind stets, dass du nebenan bist und jederzeit kommen kannst, wenn dein Kind dich ruft.

Ritual 2: Kuscheleinheiten

Wenn dein Kind noch viel Liebe braucht, kuschle dich zu deinem Liebling ins Bett. Gerade nach einem anstrengenden Tag brauchen Kinder oft sehr viel Liebe und die Nähe der Mutter oder des Vaters. Kinder fühlen sich in den Armen der Eltern geborgen und sicher. Du kannst mit deinem Kind noch kurz über den Tag sprechen. Außerdem solltest du über das Erlebte reden und was dein Kind dabei empfunden hat. Wie beim Morgenritual kannst du die Gefühle aller Körperteile deines Kindes durchgehen. Bleib nach dem Gespräch noch kurz bei deinem Kind liegen und vermittle ihm das Gefühl von Liebe. Denk daran, dass Kinder sehr schnell groß werden und genieße die Zeit, in der du deinen Liebling beim Einschlafen begleiten darfst.

Ritual 3: Das Tagebuch

Hast du ein größeres Kind, mit dem du über das Erlebte sprechen kannst, gibt es ein tolles Ritual, mit dem du den Tag beendest. Das Tagebuch spielt eine wichtige Rolle. Du kannst mit deinem Kind ein kleines Büchlein anlegen, wo ihr abends gemeinsam etwas hineinschreibt. Der Sinn dahinter ist, dass du mit deinem Kind nochmal ganz bewusst den Tag durchgehen kannst. Sprich dein Kind auf seine Gefühle an und schreibt diese gemeinsam auf. Hat dein Kind etwas Schönes erlebt und sich dabei gut gefühlt, sollte dies aufgeschrieben werden. Schreib aber auch die negativen Situationen und die dazugehörigen Gefühle auf. Dein Kind lernt so bewusst über sich und seinen Körper nachzudenken und Gefühle intensiv zu erleben.

Dein Sohn / deine Tochter kann so nochmal fühlen, wie es ihm / ihr den Tag über ergangen ist. So lernt dein Kind außerdem mit negativen Gefühlen umzugehen und diese auszusprechen. Beim Schreiben des Tagebuches kann es emotional zugehen. Sei in dieser Situation für deinen kleinen Liebling da und vermittle ihm, dass es in Ordnung ist zu weinen oder zu lachen. Nimm dein Kind in den Arm und hilf ihm dabei, das Erlebte zu verarbeiten. Auf diese Weise stellst du sicher, dass dein Kind nicht mit negativen Gedanken ins Bett geht. Dies ist ein wesentlicher Punkt für den erholsamen Schlaf und schöne Träume. Dein Kind wird am nächsten Morgen ausgeschlafen und erholter sein, als wenn es seine negativen Erlebnisse mit in den Schlaf nehmen muss.

6. Allgemeine Vorbereitungen auf Meditation und Fantasiereisen

Während du Rituale ganz selbstverständlich in den Alltag integrieren kannst, benötigen Meditation und Fantasiereisen eine gewisse Vorbereitung. Diese können nicht eben mal nebenbei durchgeführt werden. Um eine Meditation oder eine Fantasiereise mit Kindern zu machen, benötigst du vor allem Zeit.

6.1 Der richtige Zeitpunkt

Um dein Kind auf eine Fantasiereise mitzunehmen, ist der richtige Zeitpunkt sehr wichtig. Möchtest du dein Kind auf eine spannende, belebende Reise mitnehmen, ist grundsätzlich der Nachmittag sehr gut geeignet. Möchtest du dein Kind beruhigen und den Tag ausklingen lassen, kannst du dein Kind auch abends auf eine Fantasiereise einladen. Grundsätzlich können Fantasiereisen und Meditation zu jeder Tageszeit durchgeführt werden. Wähle einen Zeitpunkt, an dem dein Kind aufmerksam und nicht müde ist. Es wird dir so besser folgen können und die Auswirkungen der Handlungen werden deutlich sichtbar. Ist dein Kind müde oder grantig, wird es wenig Sinn haben, eine Meditation oder eine Fantasiereise vorzuschlagen.

6.2 Die benötigten Materialien

Um eine Meditation durchzuführen, benötigst du etwas Platz am Boden. Bereite für euch ein gemütliches Plätzchen im Wohnzimmer vor. Decken und Kopfkissen sind gute Materialien, um ein kuscheliges Nestchen zu zaubern. Du kannst es dir mit deinem Kind auch auf dem Sofa gemütlich machen. Wichtig ist, dass sich dein Kind entspannen kann und nicht durch andere Dinge abgelenkt wird. Die Meditation mit Kindern ist meist etwas schwieriger durchzuführen, als eine Fantasiereise.

Übst du aber bereits von klein auf mit deinem Kind, wird dir auch dies gelingen. Meditation ist eher für größere Kinder und Jugendliche gedacht, die sich bewusst auf ihren Körper konzentrieren können. Egal, in welchem Alter dein Kind sich befindet – eine Meditation bringt Eltern und Kinder zusammen und vermittelt ein Gefühl des Vertrauens.

Möchtest du mit deinem Kind eine Fantasiereise antreten, musst du nicht unbedingt ein kuscheliges Nest bauen. Gerade für Kleinkinder ist die Fantasiereise eine gute Sache, um sich zu konzentrieren und den Umgang mit Gefühlen zu lernen. Ihr könntet eine Höhle bauen und euch gemeinsam zurückziehen. Du selbst kannst eine Geschichte erfinden oder auch eine CD einlegen. Gemeinsam könnt ihr der beruhigen Stimme lauschen und euch in Gedanken auf eine tolle Reise begeben. Eine weitere Möglichkeit ist es, mit deinem Kind gemeinsam eine Geschichte zu erfinden. Das vermittelt ein Gefühl der Nähe. Dein Kind wird sich mit einbezogen fühlen und du kannst durch die erfundene Geschichte die Gefühle deines Kindes erkennen.

6.3 Genügend Zeit einplanen

Während die Meditation meist nur maximal eine halbe Stunde dauert, kann die Fantasiereise sehr viel Zeit in Anspruch nehmen. Kinder haben eine tolle, blühende Fantasie, die sie immer weiter in ihre Geschichte treibt. Gerade selbst erfundene Geschichten können sehr lang werden, denn dein Kind kommt immer wieder auf neue Ideen, die momentan passieren können. Trittst du mit deinem Liebling eine Fantasiereise an, ist es wichtig, dass du ebenfalls entspannt bist und an nichts anderes denkst. Nimm dir genügend Zeit und unterbrich dein Kind nicht. Das stärkt das Vertrauen zwischen euch beiden und dein Kind wird die Zeit mit dir sehr genießen.

6.4 Ruhe und Zweisamkeit

Während genügend Zeit ein wesentlicher Faktor ist, ist auch die Ruhe sehr wichtig. Ihr solltet ungestört sein. Schalte dein Handy aus, denn Störungen dieser Art können den besonderen Moment zerstören. Genieße die Zeit mit deinem Kind, ohne dich ablenken zu lassen. Dasselbe gilt auch für dein Kind.

Es ist daher sinnvoll eine Höhle aus Decken zu bauen, in die ihr euch zurückziehen könnt. So wird dein Kind nicht durch andere Eindrücke abgelenkt und kann sich ganz auf sich selbst konzentrieren. Gerade bei Fantasiereisen ist dies sehr wichtig. Du kannst dein Kind immer wieder während der Geschichte fragen, wie es sich gerade fühlt oder was es bei bestimmten Situation empfindet. Ihr müsst nicht nur zu zweit sein. Die ganze Familie kann auf eine gemeinsame Reise gehen. Wichtig ist nur, dass alle Anwesenden bis zum Schluss bei der Sache bleiben und sich durch nichts ablenken lassen.

7. Übungen für mehr Achtsamkeit bei Kindern und Jugendlichen

In diesem Kapitel des Buches kannst du alles über die Meditation und Fantasiereisen für Kinder lesen. Du wirst praktische Beispiele kennenlernen und kannst so die passende Methode für dich und dein Kind finden. Auch für kleine Kinder findest du tolle Übungen in diesem Buch.

7.1 Die Meditation

Es gibt viele verschiedene Arten von Meditation. Du kannst in aller Ruhe alleine meditieren oder gemeinsam mit deinen Kindern. Die klassische Meditation ist eher für größere Kinder und Jugendliche ratsam. Kleine Kinder können nur selten still sitzen und sich auf sich selbst konzentrieren. Doch genau darum geht es bei der Meditation.

7.1.1 Die klassische Meditation

Bei der klassischen Meditation sitzt dein Kind in einer angenehmen Position auf einer harten Unterlage. Der Boden eignet sich meist sehr gut dafür. Dein Kind schließt die Augen und konzentriert sich nur auf die eigene Atmung. Dies ruft einen Entspannungszustand hervor. Nun kommt es darauf an, ob du eine geführte Meditation oder eine stille Meditation durchführen möchtest. Bei der geführten Meditation erklärst du deinem Kind worauf es sich konzentrieren soll. Gehe langsam alle Körperteile durch. Dein Liebling soll sich auf die eigenen Arme konzentrieren. Wie fühlen sich diese an? Wie fühlt sich der Kopf an? Ist er schwer? Schmerzt er oder fühlt er sich leicht und frei an? In welcher Position befinden sich die Beine und wie fühlen sich diese an? Du kannst alle Körperteile aufzählen. Gib deinem Kind aber stets genügend Zeit, sich auf die einzelnen Partien des Körpers zu konzentrieren und diese bewusst wahrzunehmen.

Bei der stillen Meditation macht dein Kind all dies alleine. Es benötigt keine Anleitung mehr, denn es ist bereits routiniert genug, um alleine zu meditieren. Vor allem bei Jugendlichen ist diese Form der Meditation sehr beliebt und wird oft abends durchgeführt, um sich von den negativen Gedanken und Erfahrungen des Tages zu lösen.

7.1.2 Die Steinmeditation

Die Steinmeditation ist eine gute Übung für alle Einsteiger in das Thema Achtsamkeit. Begib dich mit deinem Kind auf einen Spaziergang. Haltet Ausschau nach Steinen. Steine findet man überall. Nimm ein paar unterschiedliche Steine mit nach Hause. Zu Hause angekommen, kannst du dich mit deinem Kind zurückziehen und die Steine analysieren. Welche Oberfläche besitzt der Stein? Wie sieht der Stein aus? Wie riecht er und wie fühlt er sich an? Hat dein Kind diese Fragen beantwortet, kannst du, je nach Alter, noch weiter gehen. Erfindet Geschichten, wo der Stein schon überall war und was er erlebt hat. Auf diese Weise kommt ihr von einer konzentrierten Meditation zu einer tollen Fantasiereise.

7.1.3 Die Gebetsmeditation

Kinder beten sehr gerne. Diese Meditation eignet sich besonders gut, um den Tag ausklingen zu lassen. Setz dich mit deinem Kind auf den Boden und sprich ein einfaches Gebet. Dein Kind soll die Zeilen wiederholen, bis ihr gemeinsam das Gebet sprechen könnt. Bitte dein Kind nun die Augen zu schließen und sich auf die gesprochenen Zeilen zu konzentrieren. Du kannst das ganze Gebet noch einmal sprechen, während dein Kind sich bereits auf sich selbst konzentriert. Dein kleiner Liebling soll etwa 10 Minuten die Augen geschlossen halten und in Gedanken immer wieder die einzelnen Zeilen des Gebetes durchgehen. Dies führt zu einer inneren Entspannung und zu mehr Ruhe. Der Geist kann abschalten und auch die Seele entspannt sich.

7.1.4 Die Achtsamkeitsmeditation

Die Achtsamkeitsmeditation eignet sich für Kinder ab etwa fünf Jahren. Setz dich mit deinem Kind in einen geschlossenen Raum. Beginne die Meditation stets mit ein paar Atemübungen, um den Körper zu entspannen. Bitte dein Kind die Augen geöffnet zu halten. Nun fordere dein Kind dazu auf, den Raum genau wahrzunehmen. Es soll seine Umgebung genau beobachten. Welche Farben sind zu sehen? Welche Gegenstände befinden sich im Raum? Welche Kleidung tragen du und dein Kind? Wie riecht die Kleidung? Dein Kind soll sich in aller Ruhe auf diese Dinge konzentrieren, ohne dabei zu sprechen. Es soll sich ganz auf sich alleine fokussieren und nur über die Dinge Gedanken machen, die sich im Hier und Jetzt befinden. Diese Übung dauert zwischen 10 und 20 Minuten.

Abschließend kannst du dich mit deinem Kind über das Erlebte unterhalten. Es kann dir erzählen, was es beim Anblick der einzelnen Dinge gefühlt hat. Welche Gerüche hat dein Kind wahrgenommen und waren diese angenehm, oder nicht? Habt ihr euch ausgetauscht, sollte dein Kind sich strecken und die Körperspannung wiederherstellen. Diese Übung kannst du zu jeder Tageszeit durchführen. Sie ist auch eine gute Möglichkeit, um dein Kind von Trauer oder Schmerz abzulenken oder um den Tag ausklingen zu lassen.

7.1.5 Geführte Meditationen

Die geführte Meditation kann auf zwei Arten durchgeführt werden. Diese findest du auf unterschiedlichen CDs. Ein

Sprecher führt die Kinder hierbei durch die Meditation. Die zweite Variante ist, dass du die Meditation führst. Vor allem für ängstliche und zurückhaltende Kinder ist diese Meditation sehr wichtig. Du kannst von einer Muschel erzählen, die an einem Strand gefunden wird. Dein Kind kann in Gedanken all seine Ängste dieser Muschel anvertrauen. Statt der Muschel kann jeder beliebige Gegenstand eingesetzt werden. Hauptsache dein Kind vertraut der ausgewählten Sache seine Ängste und Sorgen an.

Dein Kind soll diese Ängste nur in Gedanken durchgehen und diese nicht laut aussprechen. Gib deinem Kind genügend Zeit, um sich auf die Muschel zu konzentrieren. Anschließend verwandelt sich die Muschel oder das ausgewählte Ding in etwas Schönes und nimmt die Ängste bei dieser Verwandlung mit.

Zum Schluss kannst du dein Kind dazu animieren, sich auch dir anzuvertrauen und dir seine Ängste und Sorgen zu erzählen.
Auch die sogenannten Sorgenfresser eignen sich für diese Art der Meditation. Die kleinen Plüschtiere besitzen einen Reißverschluss, in dem das Kind seine Ängste und Sorgen legen kann. Der Sorgenfresser isst die Sorgen anschließend weg. Vor allem für Kleinkinder ist dies eine große Hilfe, um Ängste loszulassen.

7.2 Die Fantasiereise

Die Fantasiereise ist auch für jüngere Kinder geeignet. Hier ist, wie der Name schon sagt, der Fantasie keine Grenze gesetzt.

Du kannst mit deinem Kind auf eine beruhigende Reise ans Meer gehen oder aber ein spannendes Abenteuer im Wald erleben. Egal, ob ihr euch selber eine Geschichte ausdenkt, oder eine CD/MP3 benutzt – eine Fantasiereise ist immer ein tolles Erlebnis. Hier findest du einige Fantasiereisen, die du mit deinem Kind ausprobieren kannst.

7.2.1 Grundsätzliche Arten der Fantasiereise

Die gelenkte Fantasiereise besteht darin, dass du eine CD einlegst. Ein Sprecher erzählt eine Geschichte und fordert euch dazu auf, dass ihr euch das Erzählte bildlich vorstellt. Die halboffene Fantasiereise ist ähnlich, gibt aber mehr Freiraum für eigene Ideen. Hier stellt sich immer wieder die Frage, was dein

Kind jetzt gerne tun würde und wie die Geschichte weitergehen soll. Die offene Fantasiereise ist gerade bei Kindern sehr beliebt. Du beginnst eine Geschichte zu erzählen und dein Kind arbeitet aktiv mit. Ihr könnt immer abwechselnd erzählen, wie es weitergehen soll. Du erzählst einen kurzen Teil und dein Kind führt die Geschichte fort. Kommt dein Kind ins Stocken, übernimmst du wieder und bringst dein Kind so auf neue Gedanken. Diese Art der Fantasiereise kannst du auch mit Kleinkindern ausüben.

7.2.2 Die beruhigende Fantasiereise

Diese Form der Fantasiereise eignet sich, um den Tag ausklingen zu lassen. Bitte dein Kind sich ins Bett zu legen und sich zu entspannen. Du erzählst nun eine Geschichte. Beginne damit, dass dein Kind eine bequeme Position einnimmt und ein paar Mal tief ein- und ausatmet. Bitte dein Kind auch, sich auf seine Atmung zu konzentrieren und sich von allen Gedanken zu lösen. Nun beginnt eine angenehme Reise. Um eine beruhigende Fantasiereise zu beginnen, solltest du dir vorab überlegen, wohin du mit deinem Kind reisen möchtest. Orte, wie das Meer oder ein See eignen sich besonders gut.

„Stell dir vor, du bist an einem einsamen Strand. Du hörst nur das Meer rauschen und spürst den weichen, warmen Sand unter deinen Füßen". So könnte deine Reise beginnen. Wichtig ist, dass du deinem Kind alle Dinge genau beschreibst. Beschreibe die Farbe des Sandes und die Farbe des Wassers. Erzähle deinem Kind, dass der Sand warm und das Wasser angenehm erfrischend sind. Du kannst deiner Fantasie freien Raum lassen. Auch hohe

Wellen können sich an den Strand werfen. Dein Kind folgt nur deiner Stimme und kann das Erzählte erleben und fühlen.

Wie lange du die Geschichte erzählen willst, hängt vom Alter deines Kindes ab. Bist du am Ende der Geschichte angekommen, bitte dein Kind wieder ins Hier und Jetzt zurückzukommen. „Wenn du deine Augen öffnest, liegst du in deinem Bett und bist vollkommen entspannt". Dein Kind soll sich ein paar Mal strecken und seinen Körper bewusst wahrnehmen. Meist werden Kinder bei dieser Art der Fantasiereise sehr müde. Es ist vollkommen normal, dass sie einschlafen und das ist auch gut so. Du hast deinem Kind die Möglichkeit gegeben mit positiven Gedanken und Bildern den Tag abzuschließen. Ob du mit deinem Kind über das Erlebte sprechen möchtest oder dein Kind mit seinen Gedanken alleine lässt, spielt keine Rolle. Hauptsache ihr beide seid entspannt.

7.2.3 Die belebende Fantasiereise

Die belebende Fantasiereise ist das Gegenteil von der beruhigenden Reise. Hier kann es auch turbulenter zugehen. Du kannst mit deinem Kind einen Ausflug auf hoher See machen, wo ihr spannende Piratenabenteuer erlebt. Auch ein geheimer Schatz kann gefunden werden. Begebt euch auf eine Safari in die Wüste, wo ihr wilden Tieren begegnet oder kämpft gegen Kobolde und rettet eine hübsche Prinzessin. Bei dieser Fantasiereise kann sich dein Kind aktiv beteiligen. Es kann seine Fantasie mit in die Geschichte einfließen lassen. Diese Fantasiereise ist meist eine offene Reise, denn dein Kind soll mitsprechen und sich einbringen.

Beginne mit dem Erzählen der Geschichte und lass dein Kind den nächsten Teil erzählen. Du hast so die Möglichkeit viel über den Gemütszustand deines Kindes zu erfahren. Oft erzählen Kinder so von ihren Ängsten, ohne, dass ihnen das bewusst ist. Erzählt dein Kind von einem großen Monster, kann dies bedeuten, dass es nachts Angst hat, weil es sich in seinem Bett nicht sicher fühlt. Erzählt dein Kind von einer großen Spinne, die bekämpft werden muss, kann es darauf hindeuten, dass dein Kind Angst vor Krabbeltieren hat. Achte darauf, dass du die Fantasie deines Kindes nicht kritisiert. Nicht alles, was aus dem Mund der Kleinen kommt, ist reine Fantasie. Viele Ängste und Sorgen sind real. Nimm dein Kind und seine Geschichten daher sehr ernst. Achte darauf, dass du stets einen positiven Ausgang der Geschichte findest. Ihr könnt gemeinsam die große Spinne töten oder das Monster besiegen, das sich anschließend in ein süßes Krümelmonster verwandelt. Du vermittelst deinem Kind damit sehr viel Sicherheit. Dein Liebling fühlt sich ernst genommen und wird immer wieder gerne eine belebende Fantasiereise antreten.

Nach der Geschichte ist es wichtig, dass du mit deinem Kind über das Erlebte sprichst. Frag dein Kind, wie das Monster ausgesehen hat und ob es glücklich, ist, dass sich das Monster verwandelt hat. Sprich mit deinem Kind über die Gefühle, die es empfunden hat. Dies ist sehr wichtig, um das Urvertrauen deines Kindes aufrechtzuerhalten.

7.2.4 Fantasiereisen für jedes Alter

Egal, wie alt dein Kind ist – Fantasiereisen können in jedem Alter durchgeführt werden. Wichtig ist nur, dass du die Geschichten an dein Kind anpasst. Möchtest du mit deinem Kleinkind eine Fantasiereise antreten, sollte diese nicht zu lang werden. Kleinkinder können sich nicht besonders lange konzentrieren. Gehe auf die Bedürfnisse deines Kindes ein. Möchte deine Tochter eine hübsche Prinzessin sein oder möchte dein Sohn an einem turbulenten Autorennen teilnehmen? Ganz egal, welche Geschichten ihr euch ausdenkt. Solange ihr beide euch wohlfühlt, kannst du mit deinem Kind viele Abenteuer erleben. Ist dein Kind bereits älter, wird es sehr gerne alleine auf eine Fantasiereise gehen. Hier eignen sich Hörspiele sehr gut. Diese sind nach Alter des Kindes sortiert und können im Internet gefunden werden. Jugendliche benutzen Fantasiereisen, um sich abends zu entspannen oder Sorgen und Ängste loszuwerden. Ist es dein Kind von klein auf gewöhnt, abends eine Fantasiereise anzutreten, wird es dies auch weiterhin tun.

7.3 Achtsamkeitsübungen für jeden Tag

Achtsamkeitsübungen für Kinder und Jugendliche können toll in den Tag integriert werden. Diese können zu jeder Tageszeit durchgeführt werden. Egal, ob du dich mit deinem Kind zu Hause befindest oder gerade auf den Bus wartest. Achtsamkeit kann immer trainiert werden. Hier findest du einige Beispiele, in denen du die Achtsamkeit bei deinem Kind üben kannst.

7.3.1 Auf die Atmung achten

Bei dieser Übung ist es wichtig, dass ihr absolute Ruhe habt. Dein Kind sollte sich für ein paar Minuten konzentrieren können und sich durch nichts ablenken lassen. Nehmt eine bequeme Position ein und stellt einen Wecker. Die Übung sollte etwa fünf Minuten dauern. Ein Wecker hilft dabei, sich nicht von der Uhrzeit ablenken zu lassen. Habt ihr eine bequeme Position gefunden, konzentriert euch nur auf eure Atmung. Nehmt bewusst wahr, wie der Atem durch Mund und Nase strömt. Achtet darauf, wie sich der Brustkorb und der Bauch heben und wieder senken.

Konzentriert euch nur auf euch selbst und auf eure Atmung. Nehmt die Atmung bewusst wahr. Habt ihr dies fünf Minuten lang gemacht, kannst du mit deinem Kind darüber reden. Frag danach, wie sich die Atemluft anfühlt. Ist sie kalt oder warm? Was hat dein Kind gerochen? Hat sich eher der Brustkorb oder der Bauch gehoben und gesenkt? Dein Kind lernt so, den eigenen Körper bewusster wahrzunehmen.

Außerdem lernt dein Kind ebenfalls die Umwelt bewusster wahrzunehmen. Die Atemluft riecht nicht immer gleich und hat nicht immer die gleiche Temperatur. Diese Atemluftübung kannst du sowohl in einem geschlossenen Raum, als auch im Freien durchführen. Lass dein Kind den Duft der Blumen einsaugen oder auch den Geruch der Straße. Dein Liebling lernt somit unterschiedliche Gerüche kennen und erlernt ebenfalls diese zu benennen. Es müssen nicht immer angenehme Gerüche sein, die dein Kind einatmet. Auch der Ausdruck von negativen Gerüchen ist ein wichtiger Lernprozess.

7.3.2 Die Umwelt bewusst wahrnehmen

Diese Übung ist wichtig, um deinem Kind die Umgebung näherzubringen. Viel zu oft hasten Menschen durch die Straßen, ohne auf die Umgebung zu achten. Selbst, wenn du mal im Garten sitzt und dich versuchst zu entspannen, werden dir viele Gedanken durch den Kopf gehen. Deine Umwelt nimmst du dabei nicht wahr. Vor allem für Kinder ist diese Übung sehr wichtig. Befindest du dich im Garten, kannst du dich mit deinem Kind für ein paar Minuten zurückziehen. Setzt euch ins Gras und frage dein Kind nach dem Befinden. Was fühlt dein Kind? Wie sieht das Gras aus? Wie riecht es? Auch Blumen und Bäume können beobachtet werden. Wie sehen die einzelnen Pflanzen aus? Sind Wolken am Himmel? Sprich mit deinem Kind über die Umgebung und was es beim Anblick der unterschiedlichen Dinge empfindet. Auch kleine Tiere, wie Ameisen und Käfer können bewusst angesehen werden. Ekelt sich dein Kind vor den Krabbeltieren? Auch diese Gefühle müssen klar ausgesprochen werden.

Bist du mit deinem Kind unterwegs, kannst du ganz bewusst auf die Straßenpflasterung achten. Auf welchem Material bewegst du dich? Wie viele Schritte geht ihr bis zur nächsten Kreuzung? Wie viele Atemzüge machst du auf dem Weg von einem Straßenschild zum anderen? Dein Kind lernt auf diese Weise bewusst seinen Körper wahrzunehmen. Es achtet mehr auf seine Umgebung und auf sich selbst.

Auch in Geschäften kannst du mit deinem Kind diese Übung durchführen. Gerade in großen Einkaufszentren sind Kinder vielen Eindrücken ausgesetzt. Viele Menschen hasten durch die Geschäfte, viele Farben sind zu sehen und Musik ist zu hören. Hier können Kinder sehr schnell überfordert sein. Das Gehirn kann so viele Dinge auf einmal nicht verarbeiten. Mach deinem Kind bewusst, dass du da bist. Sprich mit deinem Kind über die Eindrücke. Was empfindet dein Liebling als angenehm und was ist eher störend? Hat dein Kind Angst, wenn sich viele Menschen um ihn herum bewegen? Sprich über das Empfinden und die Gefühle und zeige deinem Kind, dass es keinen Grund gibt sich zu fürchten. Auch hier lehrst du deinem Kind seine Umgebung bewusst wahrzunehmen und den eigenen Körper zu spüren. Falls nötig, gehe für ein paar Minuten aus dem Einkaufszentrum und nimm dir etwas Zeit, um in Ruhe mit deinem Kind zu sprechen.

7.3.3 Essen bewusst genießen

Jeder Mensch kennt die Situation, dass das Essen schnell hinuntergeschlungen wird. Nur wenige Menschen essen bewusst und achten darauf, was sie essen. Auch Kinder gewöhnen sich dieses Verhalten sehr schnell an. Mach dein Kind auf das Essen aufmerksam. Analysiere den Teller genau. Was befindet sich auf dem Teller deines Kindes? Wie sehen die Lebensmittel aus und wie riechen sie? Erinnere dein Kind daran, langsam zu essen. Meist funktioniert das nicht. Fragst du dein Kind aber nach dem Geschmack der Lebensmittel, muss dein Liebling langsamer essen und sich konzentrieren. Du lenkst es so von anderen Gedanken ab und dein Kind fokussiert sich besser auf die Mahlzeit. Lasse dir den Geschmack genau erklären. Dein Kind lernt so den richtigen Umgang mit Lebensmittel und kann bewusst die Nahrungsmittel essen, die ihm auch schmecken. Außerdem wird dein Kind das Sättigungsgefühl besser wahrnehmen und sich weniger überessen. Dies ist auch für den Körper sehr wichtig.

7.3.4 Das Gedächtnis trainieren

Neben dem klassischen Memory-Spiel kannst du mit deinem Kind sein Gedächtnis trainieren. Suche dir verschiedene kleine Dinge aus dem Kinderzimmer aus. Lege diese auf ein Tablett und bitte dein Kind sich auf diese Dinge zu konzentrieren. Anschließend deckst du das Tablett mit einem Tuch ab und bittest dein Kind, sich so viele Dinge wie möglich zu merken. Dein Liebling soll nun alle Dinge aufzählen, die es sich gemerkt hat. Dies fördert die Konzentration und hilft das Gedächtnis zu trainieren. Dein Kind ist in diesem Moment nur auf eine Sache konzentriert, was eine gute Methode beim Erlernen von Achtsamkeit ist.

8. Fantasiereisen

In diesem Teil des Buches findest du einige Fantasiereisen, die du mit deinem Kind ausprobieren kannst. Wichtig ist, dass sich dein Kind stets in eine bequeme Position begibt. Kinder liegen gerne und schließen die Augen, um sich voll auf ihre Fantasie konzentrieren zu können. Hat dein Kind eine angenehme Position gefunden, beginnst du die Geschichte vorzulesen. Denke stets daran, langsam zu lesen, sodass dein Kind jedes Wort versteht und sich die Dinge, die du sagst, auch bildlich vorstellen kann.

8.1 Die Reise zum Zwerg (für kleine Kinder)

Die Reise beginnt in einem kleinen Wald. Du bist in einem kleinen Haus, das aus Zuckerwatte gebaut ist. Packe deinen Rucksack, denn du hast heute einen Ausflug geplant. Du möchtest den kleinen Zwerg besuchen, der dir all deine Ängste und Sorgen nehmen kann. In deinen Rucksack packst du etwas Essen und Trinken ein. Du befüllst deine Trinkflasche mit einem leckeren Himbeersaft. Zum Essen packst du ein Brot und einen Apfel ein. Schon kann die Reise losgehen. Du verlässt dein Haus und spürst einen kühlen Wind auf deiner Haut. Deine Arme und Beine werden von den Windstößen erfrischt. Es fühlt sich kühl, aber nicht kalt an. Du gehst durch den Wald, der von der Sonne bestrahlt wird. Immer wieder treffen dich die Sonnenstrahlen und du spürst eine Wärme über deinen Körper huschen. Im Wald begegnest du vielen tollen Sachen: duftende Blumen, wunderschöne Bäumen und bunten Pflanzen.

Du bist schon eine Zeit unterwegs, als dich ein großer Baum anspricht. „Hallo, wo magst du denn hin?“, fragt der große, alte Baum. Er hat ein sehr freundliches Gesicht. Du erzählst dem Baum von deinem Vorhaben. „Ich möchte zu dem kleinen Zwerg reisen, der mir meine Ängste nehmen kann. Ich habe nämlich eine besondere Angst, die ich loswerden möchte“. Der Baum kennt den Zwerg und zeigt dir den Weg, den du weitergehen musst. Du kommst an einer großen Blumenwiese an, die du durchquerst. Langsam gehst du Schritt für Schritt vorwärts. Du siehst viele Blumen in leuchtenden Farben. Die Farben sind sehr intensiv und der Duft der Blumen ist wunderbar. Du bleibst kurz stehen und saugst die Luft tief in deine Lungen. Du kannst jede einzelne Blume riechen. Langsam gehst du weiter und du passt genau auf, wohin du steigst, damit du nicht auf die Blumen trittst. Die Sonne strahlt dich an und erwärmt deine Haut. Auch deine Arme und Beine werden erwärmt. Eine angenehme Wärme breitet sich über deinen ganzen Körper aus und du fühlst dich entspannt und gut.

Am Ende der Blumenwiese stehst du vor einem großen Berg. Auf diesem Berg lebt der kleine Zwerg, der dir helfen kann. Du suchst einen leichten Weg, um auf den Berg zu gelangen. Ein schmaler Pfad führt nach oben. Der Weg ist steinig und du musst aufpassen, wohin du trittst. Hier ist es kühler, als auf der Blumenwiese. Die Sonne strahlt dich nicht mehr so an. Du befindest dich im Schatten und eine leichte Brise umspielt deinen Körper. Der Wind ist kühl, aber dir ist immer noch angenehm warm. Du genießt die kurze Abkühlung und gehst langsam den steinigen Weg nach oben. Immer wieder trittst du auf kleine Steine, die du an deinen Fußsohlen spürst. Du machst eine Pause und isst ein bisschen von deinem Brot. Es schmeckt herrlich. Nach der kurzen Stärkung geht die Reise weiter.

Es dauert nicht lange und der Weg wird etwas steiler. Du nimmst deine Kraft zusammen und schaffst es das letzte Stück auf den Berg zu wandern. Dort oben sitzt der kleine Zwerg und schaut dich mit seinen großen Augen an. „Ich habe dich schon erwartet.“, sagt er ganz ruhig. „Was kann ich für dich tun?“, fragt der Zwerg. Du erzählst ihm, dass du erfahren hast, dass er dir deine Ängste nehmen kann. „Ja, das kann ich, aber du musst mir vorab erzählen, wovor du Angst hast.“, antwortet der Zwerg. Er kommt ein Stück auf dich zu und du kniest dich vor ihm hin. Du beginnst ein Gespräch mit ihm und erzählst ihm von deiner größten Angst. Der Zwerg hört aufmerksam zu. Als du fertig bist, greift der Zwerg in seine Tasche und streut etwas glitzernden Staub über dich. Sofort wirst du müde und fällst in einen kurzen Schlaf.

Als du wieder aufwachst, liegst du in deinem Bett. Du bist in deiner kleinen Hütte im Wald du fühlst dich glücklich und zufrieden. Du möchtest noch ein bisschen liegen bleiben, aber du kannst schon jetzt spüren, dass sich etwas verändert hat. Du empfindest keine Angst mehr. Der Zwerg hat es geschafft, dir deine Angst zu nehmen. Du bist etwas erschöpft von der langen Reise. Bleibe deshalb noch etwas liegen und träume von deiner tollen Reise.

8.2 Ein Nachmittag im Garten (für größere Kinder und Jugendliche)

Heute ist ein schöner Tag. Du genießt die Sonne und willst raus in den Garten. Du betrittst das Gras mit deinen nackten Füßen und spürst die kühlen Grashalme zwischen deinen Zehen. Das Gras ist noch etwas nass von der Nacht, aber es fühlt sich angenehm an. Du schlenderst durch den Garten und beobachtest alle Blumen. Die Rosen sehen durstig aus. Sie brauchen etwas Wasser. Du nimmst die Gießkanne und befüllst sie mit Wasser. Langsam gehst du durch das Gras auf die Rosen zu. Die Gießkanne fühlt sich schwer in deinem Arm an. Dein Arm zieht nach unten und du spürst wie beide Arme etwas schwerer werden. Du gehst zu den Rosen und gießt diese mit Wasser. Du spürst, wie das Gewicht der Gießkanne immer weniger wird. Sie liegt nun leichter in der Hand und das Schweregefühl in deinem Arm lässt nach. Du stellst die Gießkanne wieder an ihren Platz ab und siehst dich weiter um.

In deinem Gemüsebeet hat sich etwas Unkraut gebildet. Du bückst dich, um es zu entfernen. Du spürst, wie sich deine Knie beugen und du in die Hocke gehst. Gekonnt fasst du das Unkraut und ziehst es aus der Erde. Die Erde fühlt sich nass an und ein kleiner Regenwurm schlängelt sich um deine Finger. Du beobachtest ihn genau, während du kurz in deiner Position verharrst. Du hast das Unkraut entfernt und richtest dich wieder auf. Du spürst jeden einzelnen Muskel deiner Beine und deine Knie strecken sich durch.

Du schlenderst langsam zur Wasserleitung und wäschst dir deine Hände. Das Wasser ist kalt, aber es fühlt sich angenehm erfrischend an. Anschließend gehst du zur Sonnenliege und legst dich darauf. Die Sonne strahlt dich an. Du liegst auf dem Rücken und dein Körper ist ausgestreckt. Du kannst deine schweren Arme neben dir fühlen und auch deine Beine sind froh, etwas Entspannung zu finden. Dein Rücken ist bequem auf der Liege gebettet und dein Bauch ist vollkommen entspannt.

Du lässt dich von der Sonne streicheln. Die Sonnenstrahlen treffen auf deine Haut. Es fühlt sich warm an. Mit jeder Minute erwärmt sich deine Haut mehr und mehr und du genießt dieses tolle Gefühl. Ein leichter Wind weht und die Brise trifft immer wieder auf deine Arme und Beine. Es entspannt dich, von der Sonne und vom Wind gestreichelt zu werden. Du ruhst dich aus und genießt den Duft der Blumen, der immer wieder zu dir geweht wird. Du denkst über deine Gefühle nach und wirst dir deines Gemütszustandes bewusst. Du bleibst liegen und lässt deine Gedanken schweifen. Du bist eins mit dir und vergisst die Welt um dich herum. Du konzentrierst dich nur auf dich und deine Gefühle. Du bleibst noch einige Zeit liegen und genießt den Zustand, in dem du dich gerade befindest.

8.3 Befreie dich von der Angst (für Jugendliche)

Du befindest dich in einem Wald und liegst auf einer schönen, grünen Wiese. Du beobachtest die Vögel, die über deinen Kopf kreisen. Rund um dich herum sind große Bäume, die ihre Lianen herunterhängen lassen. Du schaust in den Himmel und siehst die Wolken an dir vorbeiziehen. Die Wolken sehen alle anders aus und du versuchst Formen und Dinge in ihnen zu erkennen. Du hörst die Vögel zwitschern und liegst vollkommen entspannt auf deinem Rücken. Deine Arme sind schwer. Deine Beine fühlen sich ebenfalls schwer an und dein Körper liegt flach auf dem kalten aber wohltuenden Boden. Etwas streichelt deine Haut. Du kannst deinen Blick jedoch nicht von den Wolken lösen. Du spürst, wie sich etwas um deine Haut schlängelt, aber du denkst nicht weiter nach. Deine Arme werden von einer angenehmen Kühle umschmeichelt und auch deine Beine fühlen sich immer kühler an.

Die Wolken verdichten sich und der Himmel nimmt eine graue Farbe an. Was passiert hier? Ein leichter, aber angenehmer Regen setzt ein. Du spürst wie der Regen auf deinen Körper prasselt. Du schaust in den Himmel. Eine dicke, dunkle Wolke befindet sich genau über deinen Kopf. Neben der Wolke scheinen die Sonnenstrahlen hindurch. Damit du vom Regen nicht zu nass wirst, entschließt du dich, weiterzugehen.

Schon bald hört der Regen auf und du findest eine wunderschöne Lichtung. Warme Sonnenstrahlen erwärmen erneut deine Haut. Verschiedene Düfte dringen in deine Nase. Versuche mal zu erraten woher welcher Duft kommt? Eine leichte Brise schmeichelt deine Haut. Du setzt dich vor einem großen Baum, der dich mit Schatten bedeckt. Dennoch kommen hin und wieder warme Sonnenstrahlen zu dir hindurch. Du schließt deine Augen und merkst, wie dich etwas sanft berührt. Du öffnest deine Augen und ein freundliches Gesicht strahlt dich an. Der Baum wurde zum Leben erweckt. „Wie geht es dir?“, fragt der Baum. „Gut!“, antwortest du. Der Baum schaut dich etwas ernster an und sagt folgendes: „Ich habe nicht das Gefühl, dass es dir gut geht. Was belastet dich?“ Daraufhin senkst du deinen Blick und erzählst ihm, dass bei dir momentan nicht alles gut läuft.

„Dann bist du hier aber an der richtigen Stelle. Mir kannst du alle Sorgen und Nöte erzählen. Ich verschließe sie in mein Inneres und sorge dafür, dass sie verschwinden“, sagte der Baum mit einem freundlichen Lächeln. “Möchtest du mir deine Sorgen und Nöte erzählen?“ Du willigst ein. Nachdem du dem Baum jede deiner Sorgen erzählst hast, streichelt dich ein angenehmer Wind. Dieser nimmt die Sorgen und gibt sie dem freundlichen Baum.

Je mehr du dem Baum von deinen Sorgen erzählst, desto leichter und entspannter fühlst du dich. Du beginnst, alles viel besser und intensiver wahrzunehmen. Du schaust dich um und siehst bunte, schöne Blumen, frisches grünes Gras und wunderschöne Schmetterlinge, die dich umkreisen. Du schließt deine Augen und hörst ein leichtes Plätschern des Baches, der irgendwo in deiner Nähe zu sein scheint. Stück für Stück lässt du los und wirst entspannter und entspannter. Du fühlst Geborgenheit, Sicherheit und Hoffnung. Verinnerliche noch eine Weile diese Gefühle und speichere sie ab bevor du dich auf die Heimreise begibst.

8.4 Im Meer mit einem Delphin (für Kinder und Jugendliche)

Du befindest dich an einem ruhigen Strand. Du liegst entspannt im Sand und lässt dich von der Sonne anstrahlen. Du hast das Bedürfnis zu schwimmen und stehst auf. Langsam betrittst du das kühle Meer. Das Wasser umspielt deine warmen Füße und du spürst eine angenehme Kühle an deinen Zehen. Langsam gehst du weiter und kommst immer tiefer ins Wasser. Das kühle

Nass erreicht deine Knie und deine Oberschenkel. Langsam tauchst du deinen Körper immer weiter in das Wasser ein. Du gehst ein Stück weiter und das Wasser hat bereits deinen Bauch erreicht. Dein Körper wird von dem kühlen Nass umspielt. Du schwimmst los und fühlst dich beinah schwerelos. Dein Gewicht kannst du nicht mehr spüren. Du fühlst dich frei und entspannt.

Ein kleiner Delphin kommt auf dich zu und möchte dich mitnehmen auf eine entspannte Reise. Du folgst dem Delphin und tauchst mit ihm ab. Dein Kopf ist von Wasser bedeckt, aber du hast keine Probleme zu atmen. Du tauchst ab und entdeckst eine wunderbare bunte Welt. Der Delphin schwimmt langsam vor dir her und du folgst ihm. Du kommst immer tiefer unter Wasser. Die bunte Welt eröffnet sich. Du erkennst Anemonen, die in kräftigen Farben leuchten. Kleine Fische schwimmen um dich herum und lächeln dich an. Auch größere Fische schwirren immer wieder um dich herum. Sie sind genauso neugierig wie du, denn du möchtest mehr von dieser wunderbaren Welt sehen. Bunte Fische und kleine Oktopusse tanzen und umkreisen dich. Der kleine Delphin ist stets an deiner Seite. Er stupst dich an und du lässt dich vollkommen fallen.

Auch ein großer Wal kommt immer näher. So nah bis du ihn mit deiner Hand berühren kannst. Er fühlt sich warm und glatt an. Du legst dich auf seinen Rücken und er schwimmt ein Stück mit dir. Du beobachtest die bunte Wasserwelt und lässt dich von den vielen Eindrücken mitreißen. Grüne Algen berühren immer wieder deine Füße und Beine. Sie fühlen sich glitschig und kalt an. Aber es gefällt dir. Kleine Schildkröten schwimmen an dir vorbei und lassen sich von dir anfassen. Du kannst ihren harten

Panzer fühlen. Der Wal schwimmt neben dem Delphin her und beide zeigen dir die faszinierende Welt, in der sie leben.

Du bist entspannt und kannst von dieser Schönheit der Natur nicht genug bekommen. Die vielen Farben und das kühle Wasser lassen deinen Körper und deine Seele in einen friedlichen Zustand eintauchen, den du noch nie zuvor gefühlt hast. Du fühlst dich leicht und frei. Dein Körper liegt entspannt auf dem Rücken des Wals und du schließt die Augen. Du konzentrierst dich nur auf deinen Körper, der sich vollkommen entspannt anfühlt. Deine Seele ist frei von Gedanken und du bist eins mit dir. Du lässt dich vom Wal durch das Meer tragen, während du mit geschlossenen Augen den leichten Wellengang genießt.

Bleib entspannt liegen, konzentriere dich nur auf dich und deine Atmung. Lass all deinen Gedanken freien Lauf und genieße die Schwerelosigkeit im Wasser. Genieße das kühle Nass, das dich umgibt und lass dich von der Schönheit der Natur verzaubern. Dein Körper ist leicht und frei und deine Seele entspannt sich ebenfalls. Du genießt den Moment des inneren Friedens und bleibst noch eine Zeit lang auf dem Rücken des Wals liegen.

8.5 Der alte Kirschbaum (für Kinder ab 3 Jahren)

Du spazierst über eine weite Wiese. Am Ende der Wiese steht ein großer Baum. Er trägt rosa Blüten. Du erkennst, dass es ein Kirschbaum ist. Der Baum ist hoch und hat einen dicken Stamm. Du gehst barfuß über die Wiese. Das Gras kitzelt deine Zehen. Es fühlt sich kühl und weich an. Du spazierst über die Wiese und erreichst den Kirschbaum. Du berührst den dicken Stamm. Er fühlt sich hart an und seine Rinde ist feucht. Rund um den Baum befindet sich Moos. Du steigst mit deinen nackten Füßen in das Moos. Es ist kalt und nass, aber du hast kein unangenehmes Gefühl dabei. Du überlegst, ob du dich hinlegen sollst und die Wolken betrachten sollst. Du entscheidest dich aber dagegen, weil der Boden etwas nass ist.

Du kletterst auf den großen Baum. Deine Hände und Arme müssen sich anstrengen, um dein Gewicht zu tragen. Auch deine Füße und Beine arbeiten kräftig mit. Du greifst einen Ast nach dem anderen und ziehst dich nach oben. Es dauert ein bisschen, bis du die Krone des Baumes erreichst. Du setzt dich auf einen Ast und betrachtest die schönen Blüten. Sie haben eine zarte, rosa Farbe und fühlen sich weich an. Die Sonne blinzelt durch die Äste und einige Sonnenstrahlen treffen auf deine Haut. Du wirfst einen Blick durch die Äste hindurch. Du kannst die Weiten der Welt sehen. Von hier aus hast du einen tollen Blick über die Stadt. Du kannst Häuser und Straßen sehen und auch der große Kirchturm ist sichtbar. Der Himmel ist blau und nur wenige Wolken ziehen vorbei. Die Sonne lacht. Es ist ein warmer Sommertag.

Du sitzt auf einen dicken Ast und lehnst dich am Baumstamm an. Du kannst deine Beine entspannt vom Ast baumeln lassen. Deine Beine fühlen sich leicht an. Auch deine Arme sind entspannt und ruhen auf deinem Bauch und auch sie fühlen sich leicht und entspannt an. Dein gesamter Körper entspannt sich, während du den Duft der Blüten einatmest. Du schaust auf die Stadt und lässt deinen Gedanken freien Lauf. Du konzentrierst dich auf deine Atmung und auf deinen Körper. Vollkommen entspannt betrachtest du deine Umgebung und deine Gedanken kreisen in deinem Kopf. Du bist mit dir selbst beschäftigt und lässt dich durch nichts ablenken. Du genießt die Ruhe und die Sonne.

Einige Zeit später kommst du wieder vom Baum herunter und gehst zurück in diesen Raum. Du liegst entspannt in deinem Bett und genießt das angenehme Gefühl an nichts denken zu müssen. Du bleibst noch einige Zeit liegen, bevor sich deine Augen öffnen und du wieder zurück in deinem Zimmer bist.

8.6 Das Land der Fantasie (für Kinder und Jugendliche)

Du befindest dich auf einem schmalen Weg. Er führt über eine Wiese in einen dichten Wald. Du siehst einen Regenbogen und betrittst diesen. Tauche in das Land der Fantasien ab. Gehe den Regenbogen entlang. Kannst du die warme Oberfläche des Regenbogens spüren? Spürst du die Sonne auf deiner Haut? Atme ein paar Mal tief durch. Genieße den angenehmen Duft der Blumenwiese und spüre die Luft, wie sie in deine Lungen zieht. Bei jedem Atemzug merkst du, wie sich deine Lungen mit Luft füllen und diese wieder ausblasen. Du kannst den Duft von Rosen und Sonnenblumen riechen. Die Sonne scheint auf deine Haut und du spürst eine angenehme Wärme, die deinen gesamten Körper erfasst.

Du spazierst den Regenbogen entlang und lernst viele tolle Geschöpfe kennen. Kannst du die Elfen spüren, die um dich herum fliegen? Sie haben so kleine Flügel und doch flattern sie aufgeregt um dich herum. Die Elfen haben verschiedene Farben und ihre Stimmen summen eine sanfte Melodie. Du kannst Kobolde und Zwerge sehen, die mit unterschiedlichen Dingen beschäftigt sind. Schau dich um und nimm alle Eindrücke auf. Beobachte die Kobolde, wie sie sich unterhalten. Nimm dir einen Moment Zeit und konzentriere dich nur auf die vielen Geschöpfe, die du auf diesem bunten Regenbogen siehst. Genieße die warme Luft und den angenehmen Duft, bevor du deine Reise fortsetzt. Du gehst den Regenbogen entlang und bist nun am Ende angekommen.

Betrete den Wald. Der Boden fühlt sich kühl an. Es ist dunkler, als auf dem Regenbogen. Die Farben sind nicht mehr so kräftig und große Bäume recken ihre Äste in den Himmel. Du durchforstest den Wald. Deine Zehen und Fußsohlen berühren den kalten, feuchten Weg. Es ist nicht mehr so angenehm, wie auf dem Regenbogen, aber dennoch genießt du dieses Gefühl. Ein kühler Wind weht und deine Arme werden vom Wind umspielt. Dir wird etwas kalt, aber du setzt deine Reise fort. Wieder begegnest du vielen Wesen, die alle mit dir sprechen können. Kleine Kaninchen kreuzen deinen Weg. Sie sprechen mit dir und du hörst aufmerksam zu. Jedes Kaninchen erzählt dir eine kurze Geschichte. Nimm dir etwas Zeit, um den kleinen Wesen zuzuhören.

Du gehst weiter und triffst weitere Lebewesen. Kleine Käfer und große Schlangen kreuzen deinen Weg. Hohe Bäume winken dir zu und du durchforstest den Wald. Du kommst an eine Stelle, an der eine Lichtung zu finden ist. Die Lichtung ist wunderschön, dennoch entscheidest du dich dazu, weiterzugehen. Du findest dich auf einer schönen Blumenwiese wieder. Hier kannst du entspannen. Du legst dich ins Gras und schaust in den Himmel. Ein paar Wolken tanzen und ziehen langsam an dir vorbei.

Du lässt deine Gedanken schweifen und erinnerst dich an die vielen Wesen, die du eben getroffen hast. Erlebe deine tolle Reise noch einmal in deinem Kopf. Der bunte Regenbogen mit den kleinen Elfen und der wunderschöne Wald. Du liegst vollkommen entspannt auf der Wiese. Deine Arme und Beine fühlen sich leicht an. Dein Kopf ist auf das warme Gras gebettet und du schließt deine Augen. Die Bilder wandern durch deinen Kopf und du konzentrierst dich nur auf dich selbst. Du wirst eins mit deinen Gedanken und lässt dich durch nichts ablenken. Es ist ein tolles Gefühl, hier zu liegen und den Duft der Blumen zu einzuatmen. Du bleibst noch etwas liegen und genießt das Gefühl der Freiheit, bevor du wieder zurückkommst und deine Reise beendest. Lass deine Augen noch etwas geschlossen und erfreue dich an den bunten Farben und Bildern, die du siehst. Langsam kommst du zurück in diesen Raum. Du öffnest deine Augen, streckst deine Arme aus und spannst etwas deine Beine an. Ein Gefühl der Leichtigkeit und Entspannung umschließt dich und du fühlst dich besser, als je zuvor.

8.7 Der Engel im Himmel (für Kinder ab 6 Jahren)

Du liegst entspannt auf einer Wiese und betrachtest die Wolken. Du fühlst dich leicht und frei. Deine Arme fühlen sich schwerelos an und auch deine Beine scheinen in die Höhe zu gleiten. Dein Körper hebt sich vom Boden ab und du fühlst dich, als würdest du schweben. Du kommst den Wolken immer näher und näher. Es ist ein wundervolles und schönes Gefühl. Du kannst eine Wolke bereits mit der Hand berühren. Sie fühlt sich warm und weich an. Dein Körper legt sich auf eine Wolke und du öffnest die Augen. Du fühlst dich gelöst und entspannt. Du stehst auf und ein erblickst einen kleinen Engel. Er spricht mit dir. „Hallo, ich heiße Emil und ich wohne hier in den Wolken", sagt der kleine Engel. Auch du stellst dich vor und der kleine Engel sagt dir, dass er hier viele Freunde hat, mit denen er die Menschen auf der Erde beobachtet.

Du legst dich auf die Wolke und ihr blickt gemeinsam nach unten. Du kannst die Erde betrachten. Du siehst das grüne Gras und die hohen Bäume. Hier im Himmel ist es schön, doch als du dich umsiehst, erblickst du eine dunkle Wolke. „Was ist mit dieser Wolke los? Warum ist sie so dunkel?", fragst du und Emil erklärt dir, dass dort ein trauriger Engel wohnt. Sein Name ist Daniel und er spricht nicht viel mit den anderen Engeln. Du stehst auf und hast dir vorgenommen Daniel zu besuchen. Du möchtest ihm unbedingt etwas von deiner Freude und von deinem Glück abgeben. Mit einem Sprung landest du auf der nächsten Wolke. Das Springen von Wolke zu Wolke macht dir sehr viel Spaß. Emil, der kleine süße Engel, begleitet dich und zeigt dir den Weg zu Daniel. Du kommst der grauen Wolke näher und näher.

Du erreichst die Wolke von Daniel. Daniel schaut wirklich traurig aus. „Hallo!, sagt er traurig. „Kann ich dir irgendwie helfen?" fragt er dich. „Ich möchte gerne mit dir sprechen und wissen, was los ist. Du siehst so traurig aus", hörst du deine eigene Stimme sagen. Daraufhin erzählt Daniel: „Ich habe keine Freunde und muss immer alleine spielen!"

Du nimmst Daniel an der Hand und springst mit ihm von einer Wolke zur anderen. Daniel scheint glücklich zu sein, denn er hat bereits ein Lächeln auf den Lippen. Immer wieder erzählst du ihm von tollen Freundschaften und wie schön es ist, gemeinsam Dinge zu unternehmen. Daniel hört dir gespannt zu, während ihr die verschiedenen Wolken erreicht. Du blickst dich um und kannst keine graue Wolke mehr sehen. „Warum ist deine Wolke jetzt auch weiß, wie alle anderen Wolken?“, fragst du. Daniel antwortet: „Du hast mir gezeigt, wie toll es ist einen Freund zu haben. Du hast es geschafft, mich zum Lachen zu bringen und dafür bin ich dir sehr dankbar. Ich möchte dir diese Krone schenken, als Dankeschön für deine Hilfe“, sagt Daniel. Du lächelst ihn an und gemeinsam legt ihr euch auf eine Wolke. Ihr blickt nach unten und du zeigst Daniel die Schönheit der Erde. Nach einiger Zeit begibst du dich wieder nach Hause. „Ich muss wieder runter auf die Erde, aber du kannst mich jederzeit beobachten und ich komme dich wieder besuchen“, sagst du, bevor du langsam wieder zu Boden gleitest und sanft im Gras landest.

8.8 Eine gute Tat für die Prinzessin (für Kleinkinder)

Du bist in einem Wald unterwegs. Der Boden ist kalt und fühlt sich feucht an. Du betrachtest deine Umgebung und siehst viele Bäume. Sie sind groß und haben einen dicken Stamm und schützen dich mit ihrer Stärke und Größe. Die Stämme sind braun und die Kronen der Bäume sind grün. Du riechst den Duft des Waldes und gehst langsam weiter. Nach einem kurzen Spaziergang durch den Wald erreichst du ein schönes großes

Schloss. Du siehst dich um und siehst zwei hohe Türme. Das Schloss ist von einem großen Zaun umgeben und du gehst auf das große Tor zu. Du öffnest das Tor und betrittst das Anwesen. In der Mitte vom Hof steht ein großer Brunnen.

Eine Prinzessin sitzt am Rand des Brunnens und sieht traurig aus. Du gehst auf sie zu und begrüßt sie. „Warum weinst du?“, fragst du und die Prinzessin beginnt zu erzählen. Sie hat ihre Krone im Wald verloren und ohne ihre Krone fühle sie sich sehr unwohl. Sie verlor ihre Krone, als sie durch den Wald geritten ist. Du versprichst der Prinzessin ihre Krone zu finden und zurückzubringen. Der Hund der Prinzessin begleitet dich bei deiner Reise durch den Wald.

Du spazierst los und durchquerst den Wald. Du kommst an großen Bäumen vorbei, die sich im Wind bewegen. Je weiter du gehst, umso tollere Sachen kannst du erblicken. Du hörst die Geräusche einer Eule, Hasen und Eichhörnchen rennen mit dir um die Wette. Du entschließt dich dazu, eine kleine Pause einzulegen. Der Hund an deiner Seite schmiegt sich an deine Beine. Du spürst das weiche Fell an deinen Beinen und berührst den Kopf des Hundes mit deiner Hand, um ihn zu streicheln. Nach einer kleinen Pause geht ihr gemeinsam weiter.

Du erreichst eine Höhle, aus der du ein witziges Lachen hörst. „Was ist das?“, fragst du dich. Du rufst in die Höhle und drei kleine Kobolde kommen heraus. „Können wir dir helfen?“, fragt einer der drei kleinen Kobolde. „Ich suche die Krone der Prinzessin. Sie hat die Krone im Wald verloren und braucht sie dringend wieder. Habt ihr sie vielleicht gesehen?“.

Die Kobolde lächeln und bitten dich in ihre Höhle. In der Höhle angekommen findest du weitere Kobolde. Sie singen, tanzen und haben viel Spaß zusammen. In einer Ecke der Höhle siehst du die goldene Krone. Ein Kobold geht in die Ecke und nimmt die Krone in die Hand. Er lächelt, während er auf dich zukommt und übergibt dir die Krone. „Wir haben uns schon gewundert, wem die Krone gehört. Wir wussten selbst nicht, was wir mit ihr tun können und haben uns dazu entschieden, sie hier aufzubewahren, bis jemand kommt und sie mitnimmt. Erfreut nimmst du die Krone an. Du verbringst noch etwas Zeit mit den kleinen Wesen. Ihr spielt, lacht, tanzt und esst zusammen. Nach einer Weile entschließt du dich aber dazu, den Rückweg anzutreten. Du bedankst dich bei den kleinen Kobolden und verabschiedest dich.

Schnell eilst du, mit dem Hund an deiner Seite, zurück zum Schloss. Wieder durchquerst du den schönen Wald. Du erreichst das Schloss und übergibst der Prinzessin die Krone. Sie strahlt über das ganze Gesicht und ist sehr glücklich. „Nimm diese Goldmünzen als Dankeschön", sagt sie. Du nimmst die Goldmünzen entgegen. Sie werden dich immer an die Reise durch den Wald erinnern. Ebenfalls werden sie dich an den Mut erinnern. Den Mut, den du hattest, als du durch den Wald gingst. Du verabschiedest dich und machst dich auf den Weg nach Hause.

8.9 Drei kleine Feen (für Kleinkinder)

Du befindest dich in einem Wald und legst dich auf eine schöne, grüne Wiese. Du schaust in den Himmel und in die Sonne und fragst dich, was Freundschaft und Liebe genau ist. Die Blumen um dich herum duften zart und es ist ein schöner Tag. Du fühlst dich etwas angespannt und atmest die frische Luft des Waldes tief durch deine Lungen.

Du liegst auf der Wiese und schaust in die Ferne, als drei kleine Feen an dir vorbeifliegen. Eine kleine Fee dreht um und kommt auf dich zu. „Hallo, was machst du hier?“, fragt die kleine Fee und du erzählst ihr, dass du gerade über die Freundschaft und die Liebe nachdenkst. Die kleine Fee heißt Aurora und sie ist sehr freundlich. Sie ruft ihre Freundinnen. Aurora möchte dir zeigen, wie wunderschön der Wald noch ist und sie möchte dir dabei helfen, zu erfahren was Liebe und Freundschaft bedeutet.

Alle drei Feen nehmen dich mit auf eine fantastische Reise. Sie nehmen dich an den Armen und pusten dir einen feinen, glitzernden Staub ins Gesicht. „Was war das?“, fragst du erstaunt. „Das ist Feenstaub“, sagt Aurora. „Jetzt kannst du mit uns fliegen“. Du bewegst deine Arme und merkst, wie du von der Erde abhebst. Du fühlst dich sehr leicht und gleitest in die Lüfte. Nun kannst du mit den Feen mitfliegen und sie zeigen dir die Welt von oben.

Ihr kommt an einem Zoo vorbei, in dem viele Familien mit ihren Kindern sind. Sie beobachten die Tiere und sind alle gut gelaunt. Auf eurer Reise kommt ihr auch an einem Kindergarten vorbei und du siehst die vielen Kinder im Garten spielen. Die Kinder lachen und toben durch das Gras. Manche sitzen auf den Schaukeln und andere rutschen die lange Rutsche hinunter. Die Kinder spielen, fangen und albern herum. Ihr setzt euch auf einen Baum und eine Zeit lang beobachtet ihr die Kinder. Manche zanken sich und vertragen sich dann wieder. Andere Kinder spielen im Gras. Sie umarmen sich und lachen laut. Du wirst immer entspannter, während du den Kindern beim Spielen zusiehst.

Aurora beginnt ein Lied zu singen und du hörst ihr gespannt zu, während du die spielenden Kinder nicht aus den Augen lässt. Ihre engelsgleiche Stimme dringt in dein Ohr. Das Lied handelt von der Freundschaft und der Liebe und davon, wie wichtig es ist, diese im Leben zu erfahren. „Danke Aurora, dass du so schön gesungen hast und mir die Wichtigkeit der Freundschaft und Liebe gezeigt hast", sagst du zu ihr. Ihr fliegt wieder zurück zur Wiese, in der du im Gras gelegen hast. Du bist mittlerweile gut gelaunt. Als du wieder im Gras liegst, verabschieden sich die Feen und fliegen weiter. Du bleibst noch eine Weile liegen und beobachtest die Feen, wie sie weiterreisen. Du bist entspannt und fühlst dich frei und wohl.

8.10 Die Rettung der Prinzessin (für Schulkinder)

Als du durch die Stadt läufst, siehst du viele Marktstände und Geschäfte, die alle verschiedene Dinge zum Verkauf anbieten. Du läufst durch die Straßen und Gassen und siehst viele Menschen um dich herum. Inmitten dieser Menschenmenge steht ein Mann, der ein bisschen traurig aussieht. Du gehst auf ihn zu und fragst ihn, warum er denn so traurig sei. „Ich erzähle dir meine Geschichte", sagt der Mann und du setzt dich neben ihn. „Ich bin ein König, aber ich wurde verzaubert.

Eines Tages kam ein Zauberer in mein Schloss, der mich verbannte. Er sprach einen Zauberspruch und ich wurde nicht mehr als König akzeptiert. Meine Tochter wurde gefangen genommen und der Zauberer lebt nun in meinem Schloss. Meine Tochter befindet sich in einem Turm, der von einem schlauen Drachen überwacht wird. Nur wenn meine Tochter befreit wird, kann der Zauber gebrochen werden und ich kann wieder als König regieren", erzählt der Mann. Du redest noch eine Weile mit dem Mann, bevor du dich auf den Weg nach Hause machst. Abends liegst du in deinem Bett, doch die Geschichte des Mannes geht dir nicht aus dem Kopf. Du beschließt die Prinzessin aus dem Turm zu befreien. Du steigst aus deinem Bett, ziehst dich an und verlässt die Wohnung. Deine Reise beginnt vor deiner Haustüre.

Du gehst durch die Stadt und überquerst eine Brücke. Das Schloss des Königs liegt auf einem hohen Berg. Du musst die Straße entlanggehen, bis du einen schmalen Weg erreichst. Dieser Weg führt direkt zum Schloss, wo sich die Prinzessin befindet. Du gehst den Weg weiter entlang. Du siehst Bäume am Rand des Weges, die groß erscheinen. Sie werfen große Schatten auf den Weg. Der Mond leuchtet hell und du kannst den Weg gut sehen. Du hast dein Schwert mitgenommen, um den Drachen zu besiegen. Es ist ein langer Weg, der zum Schloss führt und deine Füße tun schon etwas weh vom Laufen. Du gibst aber nicht auf.

Du kommst an einem Fluss vorbei, in dem große Fische schwimmen. Sie schauen aus dem Wasser und lächeln dich an. Nach einer Weile erreichst du das Schloss und siehst den großen Turm. Ein großer Drache kreist um den Turm und bewacht die Prinzessin. Du musst die Aufmerksamkeit des Drachens auf dich lenken, damit du gegen ihn kämpfen kannst. Der Zauberer darf nichts mitbekommen, sonst verzaubert er dich auch. Du rufst den Drachen und sagst ihm, dass du die Prinzessin befreien möchtest. Der Drache wird auf dich aufmerksam und kommt auf dich zu. Du ziehst dein Schwert und der Kampf beginnt. Der Drache versucht dich mit Feuer zu bekämpfen, aber du kannst ausweichen. In einem Moment gelingt es dir, den Drachen zu bekämpfen. Er fällt zu Boden und ermöglicht es dir, weiterzugehen. Auch der Zauberer ergibt sich und flüchtet.

Schnell gehst du die Treppen hinauf, um die Prinzessin zu erreichen. Als du die junge Dame siehst, bist du erstaunt, wie hübsch sie ist. „Komm mit mir“, sagst du zur Prinzessin. „Ich habe den Drachen besiegt und du bist frei“. Die Prinzessin kann ihr Glück kaum fassen und steht schnell auf. Sie gibt dir die Hand und gemeinsam lauft ihr die Treppe hinunter. Ihr verlasst das Schloss und geht den langen Weg zurück in die Stadt. Du siehst den alten Mann inmitten der Stadt stehen und gehst auf ihn zu. „Ich habe deine Tochter gerettet“, sagst du stolz. „Der Drache ist besiegt und du kannst wieder in dein Schloss“. Der alte Mann dreht sich im Kreis und verwandelt sich in einen hübschen König. Er ist überglücklich und bedankt sich bei dir. Du gehst zurück nach Hause und legst dich in dein Bett. Du schließt deine Augen und lässt das Erlebte noch einmal passieren. Vor deinem inneren Auge siehst du den Drachen und die Prinzessin. Es dauert nicht lange, bis du in einen tiefen Schlaf fällst und sich dein Körper entspannt.

8.11 Der freundliche Riese (für Schulkinder)

Es ist Abend und du bist zu Hause in deinem Bett. Du hörst ein Geräusch vor deinem Fenster und stehst auf. Als du aus dem Fenster blickst, siehst du einen Riesen, der gerade einen Apfel isst. Du hast so lange keinen Apfel mehr gegessen, denn in deiner Region gibt es keine Äpfel mehr. Du möchtest auch einen Apfel haben und öffnest das Fenster. „Hallo Riese, woher hast du diesen leckeren Apfel?“, fragst du. Der Riese dreht sich um und kommt auf dich zu. „Komm mit mir mit, aber nimm dich in Acht. In meinem Land gibt es viele Riesen, die den Menschen die Apfelbäume gestohlen haben, weil sie Äpfel so lieben“, erzählt der Riese. Du springst auf seine Schulter und ihr marschiert los.

Mit großen Schritten geht der Riese aus der Stadt hinaus. Er springt auf einen Berg und ihr springt von einem Berg zum anderen. Ihr durchquert einen Fluss und kommt an einen großen Wald vorbei. Mit einem großen Sprung landet ihr in der Welt der Riesen. Du versteckst dich in der Hosentasche des Riesen und schaust hinaus. Viele Riesen sind um dich herum und das Land ist voll von Apfelbäumen. Du möchtest einen Apfel nehmen, bist aber zu klein, um diesen zu erreichen. „Können wir bitte ein paar Apfelbäume mitnehmen“, fragst du den Riesen. Schnell geht der Riese mit dir in eine andere Richtung. Ihr seid auf einem großen Feld. Du siehst viele Bäume nebeneinander stehen und alle tragen saftige, rote Äpfel. Der Riese reißt ein paar Bäume aus und trägt diese in einer Hand. „Jetzt müssen wir uns aber beeilen und schnell nach Hause kommen“, sagt der Riese. „Die anderen Riesen dürfen uns nicht sehen, denn sie möchten die Äpfel selbst behalten“.

Der freundliche Riese läuft los und in Windeseile habt ihr das Land der Riesen verlassen. Ihr kommt wieder zu Hause an und der Riese stellt zwei Apfelbäume in deinen Garten. Schnell huscht ihr von einem Haus zum anderen Haus, sodass alle Gärten einen Apfelbaum bekommen. Du bist sehr glücklich über die gute Tat des Riesen und bedankst dich bei ihm. Das große Wesen bringt dich nach Hause und setzt dich wieder an dein Fenster ab. „Danke für den tollen Ausflug. Du bist ein echter Freund", sagst du. Auch der Riese ist sehr glücklich dich kennengelernt zu haben. Er verspricht dir, dich bald wieder zu besuchen. Du gehst in dein Bett, legst dich hin und fällst in einen ruhigen Schlaf.

8.12 Der Berggeist (für Schulkinder)

Heute machst du eine Wanderung auf einem hohen Berg. Du betrittst den steilen Weg und kannst die teilweise spitzen Steine unter deinen Füßen spüren. Du hast deinen Rucksack dabei, in dem sich etwas Essen und auch ein Getränk befindet. Du wanderst den steilen Weg hinauf, denn du möchtest den Berg erklimmen. Du möchtest bis ganz nach oben kommen und die Schönheit der Welt sehen. Nach einer Weile ruhst du dich auf einem großen Stein aus und isst etwas. Du kannst weit in die Ferne sehen. Du siehst große Bäume, die in der Sonne strahlen. Sie haben kräftig grüne Blätter, schöne Blüten und einen dicken, braunen Stamm. Du genießt die Sonne, die tolle Aussicht und die frische Luft. Es sind nur wenige Wolken am Himmel zu sehen und du fühlst dich frei du entspannt.

Du setzt deine Wanderung fort und kommst immer höher auf den Berg. Du drehst dich um und bemerkst, dass sich bereits mehrere

Wolken am Himmel befinden und die Sonne nicht mehr ganz so warm strahlt. Doch du möchtest den Gipfel des Berges erreichen und setzt daher deine Wanderung fort. Es dauert nur noch einen kurzen Moment und schon bist du am höchsten Punkt des Berges angekommen. Du blickst in Richtung Himmel und siehst, dass sich nun mehr dunkle Wolken am Himmel befinden. Ein Gewitter zieht auf. Du bemerkst, dass du es nicht mehr rechtzeitig nach unten schaffst und hältst nach einem Schutz Ausschau.

Auf einmal bemerkst du, wie dich etwas umkreist. Es ist ein kleiner, freundlicher Geist. „Hallo ich heiße Candabin und ich bin der Berggeist.“, hörst du den Geist sagen. „Kannst du mir dabei helfen, einen Schutz zu finden?“, fragst du den kleinen Geist. „Natürlich!“, antwortet der kleine Geist. „Hier bist du immer sicher“, fügt er noch hinzu. Der kleine Geist führt dich ein Stück den Berg hinab. Du erreichst eine Abzweigung und der Geist bittet dich ihm zu folgen. Du läufst durch einen dichten Wald und kommst an eine Lichtung. Diese Lichtung ist wunderschön. Die Sonnenstrahlen schaffen es, durch die Gewitterwolken hindurch zu kommen. Du genießt den wunderschönen Ausblick und wie die Sonnenstrahlen die Lichtung goldgelb färben. Du folgst weiter dem Geist und durchquerst mit ihm den Wald.

Nach einer Weile erreichst du eine Hütte. Du betrittst die Hütte und Candabin bleibt an deiner Seite. Ein starker Regen hat eingesetzt und du hörst das Prasseln des Regens am Dach der Hütte. Das Geräusch entspannt dich. Hier fühlst du dich komplett sicher und kannst dich fallen lassen. Das Gewitter hält länger an. Deshalb entscheidet ihr euch, die Nacht noch in der gemütlichen Hütte zu verbringen. Als du am nächsten Morgen aufwachst, ist der kleine Geist schon bereit für die Rückkehr. Ihr macht euch auf den Weg und genießt die Schönheiten des Waldes. Du bist entspannt und glücklich.

8.13 Die Bootsfahrt und der Schatz (für Schulkinder und Jugendliche)

Du verbringst einen tollen Tag am Strand. Du liegst in der Sonne und genießt die Ruhe. Am Nachmittag machst du dich auf den Weg zu einer Bootsfahrt. Es sind noch andere Menschen mit dir auf dem Boot. Du sitzt am Rand und kannst ins Wasser blicken. Das Boot fährt los und du spürst den Wind in deinen Haaren. Du atmest tief durch und kannst die Meeresluft in deinen Lungen fühlen. Du fährst immer weiter auf das Meer hinaus und du fühlst dich immer freier. Du bist vollkommen entspannt, während du das Schaukeln der Wellen genießt.

Die Weiten des Meeres beeindrucken dich. Du entschließt dich dazu, in das kühle Nass abzutauchen. Du befindest dich im Wasser und tauchst tiefer und tiefer. Das Atmen unter Wasser bereitet dir keine Probleme. Je tiefer du in das Meer hineintauchst, desto schöner erscheint die Unterwasserwelt. Du lässt dich treiben und schließt deine Augen. Du fühlst dich schwerelos, frei und unbeschwert. Als du die Augen wieder öffnest, bemerkst du einen süßen, freundlichen Delphin neben dir. Er schaut dich neugierig an. Er ist ganz dicht an deinem Körper und du kannst seine glatte Haut fühlen. „Hallo NAME“, sagt der kleine Delphin. Du wunderst dich nicht, dass der Delphin sprechen kann, aber du findest es eigenartig, dass er deinen Namen weiß. „Komm mit mir mit NAME“, sagt der Delphin und du folgst seiner Einladung. Du schwimmst durch das Meer und kannst gar nicht glauben, wie schön diese Welt unter Wasser ist. Der Delphin nimmt dich mit zu einem magischen Ort. Dafür musst du aber weiter durch das Wasser schwimmen.

Haie kommen dir entgegen. Doch auch diese lächeln dich freundlich an. Du schwimmst durch einen Fischschwarm und auch die Schildkröten begrüßen dich und möchten mit dir tanzen und spielen. Du verbringst etwas Zeit mit ihnen und machst dich weiter auf den Weg, um diese wundervolle Welt mit dem Delphin zu entdecken. Als du eine Weile durch das Meer geschwommen bist, kommst du an einen magischen Ort. „Schau dir diesen tollen Schatz an, NAME“, sagt der Delphin. Du siehst eine große Schatzkiste vor dir stehen. Du öffnest die Truhe und findest jede Menge Gold. Du schnappst dir das Gold und packst es in deine Taschen. Der Delphin holt eine ganz besondere Münze aus der Truhe. „Du hast die Schönheiten des Meeres kennengelernt und bist mit mir bis hierher geschwommen. Weil du so viel Mut und Kraft bewiesen hast, liebe/r NAME, möchte ich dir diese Münze schenken“, sagt der Delphin. Du nimmst die Münze und bedankst dich beim Delphin, bevor du wieder zurück an die Oberfläche schwimmst. Du schließt die Augen und als du diese wieder öffnest, liegst du ganz entspannt am Strand und genießt die Sonne.

8.14 Die Welt der Gnome (für Schulkinder und Jugendliche)

Du läufst einen steinigen Weg entlang. Eigentlich wolltest du nur einen Spaziergang unternehmen. Du hast nie daran gedacht, dass du gleich in eine andere Welt abtauchen wirst. Als du den Weg entlang gehst, fällst du plötzlich in ein Loch. Du fällst immer weiter hinunter. Du fühlst dich schwerelos, aber auch gut und befreit. Deine Arme und deine Beine fühlen sich leicht an. Als du landest, fällst du auf ein weiches Blumenbeet. Du bleibst einen Moment dort liegen und fragst dich, wo du bist.

Du stehst auf und siehst dich um. Diese Welt sieht ganz anders aus, als die Welt, in der du lebst. Hier ist alles sehr bunt. Die Blumen sind hoch und haben Gesichter. Die Grashalme singen Lieder und die Bäume können sich mit dir unterhalten. Du gehst ein Stück und siehst eine wundervolle Stadt vor dir. Hier ist alles viel kleiner als im restlichen Land. Die Häuser sind so klein, dass du nicht hineingehen kannst. Du siehst viele Gnome, die am Arbeiten sind. Sie bauen Häuser und pflanzen Blumen und Pflanzen an. Du möchtest die kleinen Wesen nicht bei ihrer Arbeit stören und lässt sie in Ruhe. Du verstehst nicht wo und warum du hier gelandet bist, aber der Ort gefällt dir sehr. Du spazierst durch diese unbekannte Welt und genießt jeden Moment. Es wird Abend und du legst dich ins frische, grüne Gras. Kurz darauf fällst du in einen tiefen Schlaf.

Mitten am Abend wirst du von einem Lärm geweckt. Du fragst dich, was los ist und stehst auf. Du blickst auf die kleine Stadt und siehst viele Gnome, die eine Feier veranstalten. Du beschließt, ihnen einen Besuch abzustatten und machst dich auf den Weg zu ihnen. Bei den Gnomen angekommen, bemerkst du, dass sie ein wunderschönes Lichterfest veranstalten. Es regnet Sternschnuppen und die Welt der Gnome erscheint in einem wunderschönen, magischen Glanz. So etwas Wunderschönes hast du noch nicht in deinem Leben gesehen. Die Farben verzaubern dich und du starrst in das farbenfrohe Fest. Du bemerkst, wie du immer entspannter wirst.

Du genießt den ganzen Abend mit den kleinen Gnomen, ihr lacht und spielt zusammen. Leckere Gerüche dringen in deine Nase. Zuckerwatte und andere Leckereien warten auf dich.

Nach einem wunderschönen Abend machst du dich auf den Rückweg. Zuhause angekommen genießt du noch die tollen Eindrücke, die du die letzten Stunden gesammelt hast. Du fühlst dich entspannt, leicht und glücklich. Während du an diese wunderschöne Zeit zurückdenkst, bemerkst du wie die Müdigkeit in dir aufkommt und du fällst in den Schlaf und in das Land der Träume.

8.15 Der neue magische Freund (für Schulkinder)

Heute wirst du sehen, wie wichtig es ist Freunde zu haben, die dir im Leben helfen. Du bist in der Schule und sitzt an deinem Platz. Du siehst das bunte Klassenzimmer vor dir. Du riechst das Holz der Tische und fühlst dich gut. Du gehst schon lange in die Schule und kennst alle Schulkameraden. Auch die Lehrer sind dir nicht fremd. Deshalb ist die Schule ein schöner Ort für dich. Der Lehrer betritt die Klasse und ein Junge ist bei ihm. Du kennst ihn nicht und hast ihn auch noch nie an der Schule gesehen. Dein

Lehrer stellt den Jungen vor. Er heißt Stefano und kommt aus einem anderen Land. Er kann unsere Sprache nicht sprechen und kennt hier niemanden. Stefano sieht etwas nervös aus.

Stefano bekommt den Platz neben dir und du siehst ihn an. Du kannst ihn riechen und seine schönen blauen Augen sehen. Stefano möchte mit dir sprechen, aber er kann die Sprache nicht. In der Pause nimmst du Stefano an die Hand und gehst mit ihm auf den Pausenhof. Du versucht immer wieder mit ihm zu sprechen, aber er versteht dich nicht. Du erklärst ihm viele Dinge, die ihr auf dem Pausenhof seht. Du zeigst auf einen Baum und nennst diesen beim Namen. Viele Dinge, wie Leiter, Kinder und Gras betrachtet ihr und du erklärst Stefano alle Dinge. Die Tage vergehen und du verbringst immer mehr Zeit mit dem neuen Schüler. Schon langsam lernt er unsere Sprache und kann sich mit dir unterhalten. Er kann noch nicht viele Wörter, aber es reicht aus, um eine Freundschaft aufzubauen. Du verbringst deine Freizeit und auch die Zeit in der Schule mit Stefano.

Eines Tages kommt Stefano zu dir und möchte dir ein Geheimnis verraten. Er kommt nicht nur aus einem anderen Land, sondern besitzt auch magische Kräfte. Stefano kann dir Wünsche erfüllen und mit dir überall hinreisen, wo du möchtest. Ihr fliegt in verschiedene Länder und Stefano zeigt dir die Welt. Ihr kommt ins Land der Drachen und der Elfen. Auch Riesen sind euch begegnet. Du erlebst viele tolle Abenteuer mit Stefano. Eines Tages muss Stefano wieder weiterreisen, denn seine Mission bei dir ist beendet.

Du hast Stefano gezeigt, dass er nicht alleine ist. Du hast gelernt, dass man anderen Kindern helfen sollte, wenn sie sich alleine fühlen. Du hast den Sinn der Freundschaft verstanden und bist ein guter Freund für Stefano geworden. Zum Abschied lässt Stefano seinen Zauberstab und eine Glaskugel bei dir. „Durch diese Kugel kannst du mich jederzeit sehen und mit dem Zauberstab kannst du mich immer zu dir holen, wenn du möchtest", sagt Stefano. Du verabschiedest dich von dem netten Jungen. Durch den Zauberstab und die Glaskugel wirst du mit Stefano immer in Kontakt stehen.

8.16 Die Aliens (für größere Kinder und Jugendliche)

Ein ganz normaler Schultag beginnt. Du sitzt wie jeden Tag in deiner Klasse und hörst dem Lehrer zu. Immer wieder blickst du zum Fenster hinaus, denn die Sonne scheint und du wärst viel lieber im Garten. Der Unterricht ist heute nicht sehr interessant und du wünschst dir, dass es bald vorbei ist und du nach draußen gehen kannst. Als du wieder einen Blick zum Fenster wirfst, siehst du, dass es draußen dunkler geworden ist. Kommt etwa ein Gewitter auf?

Es klingelt und die Schulstunde ist zu Ende. Du gehst nach draußen auf den Pausenhof und siehst, dass der Himmel dunkelrot ist. Was ist hier los? Es sind keine Wolken zu sehen, aber es ist dämmrig. Du siehst dich um und bemerkst deine Freunde und Lehrer, die genauso interessiert sind wie du. Du blickst nach oben und siehst einen komischen Gegenstand am Himmel schweben. Du kannst nicht erkennen, was es ist, aber es kommt auf dich zu. Als es näher kommt, kannst du erkennen, dass es ein Ufo ist. Du bekommst etwas Angst. Du spürst einen kühlen Wind an deinen Armen und Beinen. Das Ufo landet auf dem Dach der Schule. „Wir sind Aliens und kommen von einem anderen Stern“, ruft eines der Wesen, die aus dem Ufo gestiegen sind. „Wir möchten mit euch Menschen Kontakt aufnehmen und uns mit euch anfreunden.“ Du bist erleichtert, als du merkst, dass die Aliens gute Absichten haben.

Die Aliens haben viele Maschinen, die unterschiedliche Dinge können. Eine Maschine kann alle Menschen freundlich werden lassen und eine andere Maschine kann Menschen an Stärke gewinnen lassen. Du findest die Maschinen der Aliens toll und fragst, ob du mal eine Maschine ausprobieren kannst. Du gehst in eine der Maschine und betätigst einen großen grünen Knopf. Nachdem du diesen Knopf betätigt hast, bemerkst du eine Veränderung. Die Leute werden fröhlicher und gelassener. Da deine Lehrer und Freunde nun gelassener sind, kannst du damit beginnen, die Menschen mit den Aliens bekannt zu machen. Ihr kommt alle bestens miteinander klar und entscheidet euch dazu, eine Freundschaftsfeier zu veranstalten. Der geeignete Ort für solch eine Feier ist der nahegelegene Wald. Die Feier soll für den morgigen Tag angesetzt werden.

Der Tag beginnt gleich sonnig und angenehm warm. Als du in den Wald kommst, sind fast alle Vorbereitungen getroffen. Du legst dich auf die Wiese an einer Lichtung und wartest, bis die Feier losgeht. Weil der gestrige Tag so aufregend war, konntest du nicht genug Schlaf bekommen. Du merkst, dass du müde wirst und schließt die Augen. Du lenkst deine Aufmerksamkeit zu den Geräuschen und Düften, die dich umgeben. Frisches, grünes Gras und duftende Blumen kannst du wahrnehmen. Auch ein leichtes Geplätscher vom nahegelegenen Bach kannst du wahrnehmen. Du merkst wie dein Körper immer schwerer wird und du in einen angenehmen Schlaf versinkst.

Nach einiger Zeit wachst du auf und bemerkst, dass die Feier schon begonnen hat. Schnell machst du dich auf dem Weg zum Freundschaftsfest und beginnst den Abend zu genießen.

8.17 Das Eichhörnchen (für Kleinkinder)

Du liegst auf der Wiese in einem großen Park. Um dich herum sind einige Bäume zu sehen. Du spürst das Gras auf deiner Haut. Es fühlt sich angenehm weich und warm an. Die Grashalme haben sich durch die Sonne erhitzt und du spürst eine angenehme Wärme an deinen Armen und Beinen. Dein Körper fühlt sich entspannt an. Du schließt deine Augen und ein spannendes Abenteuer beginnt. Du stehst auf und gehst ein Stück spazieren. Du gehst auf einem schmalen Weg, der durch den ganzen Park führt. Der Park ist durch eine Mauer von der restlichen Welt abgegrenzt. Im Park siehst du unterschiedliche Tiere. Kleine Vögel zwitschern in den Bäumen und warten auf ihre Eltern. Einige Vögle fliegen durch den Park und ein großer Pfau sitzt inmitten einer Wiese und sieht sich um.

Du siehst Eichhörnchen von einem Ast zum anderen Ast springen und du kannst die Schönheit der Tiere erkennen. Sie sind braun und haben ein Fell, das sehr weich aussieht. Du gehst ein Stück weiter und siehst ein Eichhörnchen auf einem Baum sitzen. Es sieht etwas traurig aus. Die anderen Tiere springen vergnügt durch die Bäume, aber dieses Eichhörnchen sitzt nur da und schaut sich traurig um. „Suchst du etwas?“, fragst du das

Eichhörnchen und das kleine Tier kommt näher an dich ran. Es klettert vom Ast weg auf deine Schulter und setzt sich nahe an dein Ohr. „Ich habe im letzten Winter meine Nüsse vergraben. Das war der ganze Vorrat für diesen Sommer, aber jetzt finde ich die Nüsse nicht mehr. Ich bin sehr traurig, weil ich nichts zu essen habe“, flüstert das Eichhörnchen in dein Ohr. „Ich heiße übrigens Lildoo“, fügt das kleine Tier hinzu. „Ich werde dir helfen, deine Nüsse wieder zu finden“, antwortest du und bist fest entschlossen dem Tier zu helfen.

Du gehst durch den Park und Lildoo bleibt auf deiner Schulter sitzen. Du fragst die Vögel, ob sie die Nüsse gesehen hätten, aber sie können dir nicht helfen. Auch der große, schöne Pfau hat keine Ahnung, wo Lildoo seine Nüsse vergraben hat. Ihr kommt an einem großen Baum vorbei. Sein Stamm ist sehr dick. Viel dicker, als die anderen Baumstämme und der Baum ist riesengroß. Er hat viele dicke Äste, an denen dunkle Blätter hängen. Du siehst nach oben und entdeckst einen schwarzen Raben in der Krone des Baumes. „Hallo Herr Rabe, kannst du uns bitte helfen?“, fragst du. Der Rabe kommt ein Stück nach unten und fragt nach deinem Problem. Du erklärst ihm, dass Lildoo seine Nüsse vergraben hat und diese nicht mehr findet. Der Rabe erinnert sich daran, dass er Lildoo im letzten Winter gesehen hat. Er weiß, dass das Eichhörnchen die Nüsse vergraben hat, aber er muss scharf nachdenken, um die richtige Stelle wieder zu finden. „Kommt mit, ich weiß, wo die Nüsse sind“, sagt der Rabe nach ein paar Minuten.

Du folgst dem Raben und er führt dich ein ganzes Stück durch den Park. Ihr kommt an einem großen Felsen an. „Hier hast du deine Nüsse versteckt“, sagt der Rabe. Du buddelst mit den

Händen ein Loch in die Erde. Lildoo hilft dir dabei und schon bald habt ihr ein tiefes Loch ausgehoben. „Da sind meine Nüsse“, ruft Lildoo ganz begeistert. Du holst die Nüsse aus dem Loch und sagst dem Eichhörnchen, dass ihr diese zu seinem Baum zurückbringt. Lildoo bedankt sich bei dem großen Raben und gibt ihm drei Nüsse als Dankeschön.

Du bringst das kleine Tier zurück zu seinem Baum und hebst auch die Nüsse nach oben. Das Eichhörnchen ist sehr glücklich und bedankt sich bei dir. Du gehst wieder zurück in die Wiese und legst dich ins Gras. Von hier aus kannst du Lildoo beobachten. Du hast gelernt, wie wichtig es ist, den Tieren und seinen Freunden zu helfen. Lildoo hätte die Nüsse ohne deine Hilfe nicht mehr gefunden. Auch der Rabe ist ein hilfsbereites Tier und als Dankeschön hat er ein paar Nüsse von Lildoo bekommen. Du liegst noch eine Weile im Gras und entspannst dich, während du die kleinen Tiere beobachtest und die Wärme der Sonne genießt.

8.18 Der kleine Drache Fuhu (für Kleinkinder und Schulkinder)

Du bist in einem dichten Wald und siehst dich um. Du kannst viele große Bäume erkennen, die einen dicken Stamm haben. Sie haben saftige grüne Blätter und sind sehr hoch. Du gehst ein Stück den Waldweg entlang und kannst viele Tiere sehen. Kleine und große Vögel fliegen durch die Lüfte. Sie alle haben unterschiedliche Farben. Du hörst ihr Zwitschern. Ein kleines Reh spaziert mit seiner Familie durch den Wald und ist auf der Suche nach Futter. Sie alle sind braun, aber das kleine Reh hat auch weiße Flecken auf dem Rücken. Du gehst weiter und genießt die Stille im Wald. Der Boden fühlt sich kühl und weich an. Als du zu einem großen Felsen kommst, setzt du dich hin und ruhst dich etwas aus. Hinter dem Felsen befindet sich eine Höhle, die sehr finster aussieht. Du sitzt auf dem Felsen und genießt die Ruhe. Du kannst dich entspannen und hörst das Zwitschern der Vögel.

Plötzlich kommt eine Unruhe auf, aber du weißt nicht warum. Die Vögel zwitschern lauter und fliegen wie wild durch die Lüfte. Auch die Rehe schauen vom Boden hoch und ergreifen die Flucht. Sie laufen schnell weg, aber du weißt nicht wovor. Du siehst schwarzen Rauch und erkennst den Ernst der Lage. Ein Feuer ist ausgebrochen und auch du musst fliehen. Du läufst vom Felsen weg, aber du kommst nicht weit. Du stehst direkt vor dem Feuer, das sich sehr schnell ausbreitet. Daraufhin läufst du in die andere Richtung, aber auch hier sind Flammen zu sehen. Das Feuer ist überall. Du spürst bereits die Hitze, die vom Feuer ausgeht. Du findest eine Höhle und flüchtest sofort in diese hinein.

Es ist finster und du weißt nicht, wer hier wohnt. Du schaust dich um, kannst aber nur wenig erkennen. Dann siehst du plötzlich einen Drachen in der Höhle schlafen. Wie sollst du hier wieder wegkommen? Der Drache erwacht und sieht dich mit einem ernsten Blick an. „Wer bist du und was machst du in meiner Höhle?“, fragt der Drache. „Draußen im Wald ist ein Feuer ausgebrochen und wir brauchen Hilfe“, antwortest du. „Mein Name ist Fuhu und ich lebe alleine in dieser Höhle. Ich bin ein freundlicher Drache. Du brauchst keine Angst zu haben“, antwortet der große Drache. „Setz dich auf meinen Rücken“. Du hörst auf den freundlichen Drachen und kletterst auf den Rücken. Der Rücken fühlt sich warm und trocken an. Seine schuppige Haut reibt an deinen Beinen, aber die Haut ist weich und du fühlst dich wohl. Du hältst dich mit den Händen an seiner Haut fest und der Drache verlässt die Höhle. Er hebt ab und ihr fliegt über den Wald.

Fuhu fliegt zu seinen Freunden und zu seiner Familie und erzählt ihnen von dem Feuer. Die Drachen haben eine sehr gute Idee. Sie sammeln Wasser am naheliegenden Bach und transportieren es in Richtung Wald. Gemeinsam löschen die Drachen das Feuer und retten damit alle Tiere, die in Gefahr waren.

„Danke Fuhu", sagst du. „Du hast uns das Leben gerettet. Nimm meine Kette als Dankeschön". Fuhu ist sehr glücklich über deine Worte und dein Geschenk an ihn. Du verabschiedest dich von dem lieben Drachen und spazierst nach Hause. Du weißt, dass dir niemand glauben wird, wenn du erzählst, was du erlebt hast und beschließt dieses Erlebnis als Geheimnis aufzubewahren. Du wirst dich immer an den lieben Drachen Fuhu erinnern und ihn bestimmt bald wieder besuchen. Der Wald ist nicht weit entfernt und Fuhu wird weiterhin in seiner Höhle auf dich warten.

8.19 Die Eule Amelia (für Kleinkinder)

Du spazierst durch ein großes Feld. Das Feld ist voll schöner Mohnblumen. Du kannst die kräftig roten Blätter sehen und den Duft der Blumen riechen. Du gehst weiter durch das Feld und bist von immer mehr Blumen umzingelt. Die Blumen sehen schön aus und du spürst den Wind in deinen Haaren. Es weht nur ein leichter Wind und dir ist angenehm warm. Mitten im Feld steht ein großer Baum. Du gehst auf den Baum zu.

Du berührst den Baum. Er fühlt sich kalt und rau an. Die Rinde ist hart und hat eine schöne braune Farbe. Der Baum ist sehr hoch und du siehst die schönen Blätter, die sich im Wind bewegen. Du siehst nach oben und erblickst eine große Eule. Sie sitzt im Baum und sieht zu dir herab. Sie breitet ihre Flügel aus und fliegt eine Runde über das Feld, bevor sie wieder zurückkommt und sich auf einem Ast niederlässt. Die Eule spricht zu dir. „Hallo NAME, ich bin Amelia. Ich bin eine weise Eule und kann dir viele tolle Geschichten erzählen“, sagt sie. „Oh ja ich würde gerne eine Geschichte hören“, antwortest du. Du setzt dich neben dem Baum und lehnst dich am dicken Stamm an. Die Eule beginnt zu erzählen.

Es waren einmal zwei Freunde, die eine lange Reise gemacht haben. Sie sind durch viele Welten gereist und haben viele Abenteuer erlebt. Du sitzt am Baum angelehnt und lauschst den Worten der Eule. Die beiden Freunde sind durch eine weit entfernte Galaxie gereist. Die Eule erzählt von vielen Aufgaben, die die Kinder erledigen mussten. Sie haben gegen Aliens gekämpft und ein ganzes Volk gerettet. Die Aliens hatten große Waffen, mit denen sie auf die beiden Freunde losgegangen sind. Doch die beiden Buben konnten jedem Schuss ausweichen und haben die Aliens erfolgreich besiegt. Das Volk der guten Aliens war sehr froh über diesen Erfolg. Die beiden Jungen haben dafür eine Medaille erhalten. Diese Medaille soll sie immer daran erinnern, wie mutig sie waren und wie sie die Aliens besiegt haben. Du sitzt immer noch beim Baum und die Eule erzählt ihre Geschichte zu Ende.

Du bist ganz entspannt und atmest tief die warme Sommerluft ein. Die Eule hat ihre Geschichte beendet und sieht dich an. „Wie hat dir meine Geschichte gefallen?“, fragt Amelia. „Deine Geschichte war toll. Darf ich morgen wiederkommen, um eine weitere Geschichte zu hören?“, fragst du. „Ich wohne in diesem Baum. Du kannst mich jederzeit besuchen, wenn du eine neue Geschichte hören willst. Wir Eulen sind sehr weise und kennen sehr viele Geschichten“, antwortet die Eule. Du stehst auf und machst dich auf den Weg nach Hause. Du weißt schon jetzt, dass du bald wieder kommen wirst, denn die Geschichte der Eule hat dir sehr gut gefallen.

8.20 Die kleine Meerjungfrau (für Kleinkinder)

Du befindest dich an einem Strand. Du liegst im Sand und fühlst den warmen Sand an Armen und Beinen. Die Sonne strahlt in dein Gesicht. Du beschließt ins Meer zu gehen, um dich ein wenig abzukühlen. Du springst in das kühle Nass und schwimmst eine Weile im Meer. Als du abtauchst, merkst du, dass du auch unter Wasser sehr gut Luft bekommst. Du beschließt tiefer zu tauchen und die Welt des Meeres zu erkunden. Du schwimmst bis ganz nach unten auf den Grund des Ozeans. Dort triffst du eine kleine Meerjungfrau, die sehr traurig aussieht. „Was ist denn los?“, fragst du die kleine Meerjungfrau. „Ich bin sehr traurig, weil ich meine Familie nicht mehr finde. „Ich werde dir helfen“, antwortest du kurz entschlossen. Gemeinsam schwimmt ihr los.

Ihr kommt durch ein wunderschönes Riff, das voll von tollen Pflanzen und Fischen ist. Du siehst die vielen kräftigen Farben und bist erstaunt, welche tolle Unterwasserwelt es hier gibt. Ein großer Hai kommt auf euch zu. „Achtung, wir müssen uns verstecken“, sagst du und möchtest Unterschlupf im farbenfrohen Riff suchen. Die kleine Meerjungfrau beruhigt dich und sagt dir, dass du keine Angst vor dem Hai haben brauchst. Du schwimmst weiter und die kleine Meerjungfrau folgt dir. Ihr müsst an einem Schwarm Fische vorbei, die euch den Weg versperren. „Dürfen wir bitte vorbei?“, fragst du freundlich, doch die Fische wollen den Weg nicht frei machen, weil sie gerade am Essen sind. Ihr kämpft euch durch die Fischmenge und schwimmt mit dem Schwarm mit. Als ihr endlich wieder frei im Meer schwimmen könnt, setzt ihr eure Reise fort.

Du fragst eine Schildkröte, ob sie die Familie der kleinen Meerjungfrau gesehen hat und sie zeigt dir den Weg zu einer schönen Stadt. „Wenn du immer weiter schwimmst, wirst du die Stadt erreichen und dort wohnen viele Meermenschen. Die Familie der Meerjungfrau ist dort sicher auch“, sagt die Schildkröte freundlich. Auf eurem Weg begegnet ihr auch einem lustigen Kugelfisch. Auch ihn fragst du nach dem Weg und der Kugelfisch beschließt euch zu begleiten. Dieser Fisch sieht lustig aus. Er ist ganz flach, aber wenn euch Fische entgegenkommen bläst er sich auf und wird kugelrund. Als er dies das erste Mal macht, musst du furchtbar lachen. Der Kugelfisch gefällt dir und du schwimmst hinter ihm her. Die kleine Meerjungfrau bleibt stets an deiner Seite, während du den Ozean durchquerst.

Ihr schwimmt weiter und kommt nach kurzer Zeit in einer schönen Stadt an. Die Stadt ist sehr groß und von einer hohen

Mauer umgeben. Sie ist noch bunter als die Unterwasserwelt, welche ihr bisher gesehen habt. Du kommst aus dem Staunen nicht mehr heraus und beobachtest zunächst die intensiven Farben und die anderen wundervollen Eindrücke. Ihr schwimmt durch das Tor und seht viele Meerjungfrauen. „Schau, ob du deine Familie findest“, sagst du zur kleinen Meerjungfrau und gemeinsam schwimmt ihr durch die Stadt.

Es dauert nicht lange, bis die kleine Meerjungfrau ihre Mutter erblickt. Schnell schwimmst du auf die Frau zu und sie ist sehr erleichtert ihre Tochter wieder zu sehen. „Danke, dass du mein Mädchen gerettet hast“, sagt die Mutter. „Ich habe mir viele Sorgen um sie gemacht“. Als Dankeschön überreicht dir die Meerjungfrau eine kleine Schatzkiste. „Öffne sie erst, wenn du zu Hause bist“. Du bedankst und verabschiedest dich und schwimmst nach Hause. Nach einiger Zeit erreichst du den Strand. Zu Hause öffnest du die Schatzkiste. Sie ist mit wundervollen Sachen gefüllt. Du freust dich sehr und hast ein tolles Gefühl, wenn du an die Reise zurückdenkst.

8.21 Das zauberhafte Einhorn (für Kleinkinder und Schulkinder)

Du hast Geburtstag und bist schon ganz gespannt, welche tollen Geschenke du heute bekommen wirst. Deine Eltern haben ein ganz besonderes Geschenk für dich gekauft. Du gehst ins Wohnzimmer und wunderst dich, als du kein Geschenk vorfindest. Deine Mama hat einen Kuchen gebacken und ihr esst ein Stück davon. Als du fertig bist sagt dein Papa: “Zieh dich an, wir müssen los“. Ihr steigt ins Auto und fahrt eine Weile über eine Landstraße. Ihr biegt an einer Kreuzung ab. Du weißt nicht, wo die Reise hingeht.

Dein Papa lenkt das Auto auf einen Hof und du erkennst, dass ihr euch auf einem Pferdehof befindet. Du steigst aus dem Auto und fragst deine Eltern, was ihr hier wollt. Deine Mama geht mit dir zu einer der Pferdeboxen und du wirfst einen Blick hinein. Du siehst ein wunderschönes weißes Pferd in der Box stehen. Du kommst aus dem Staunen nicht mehr raus, denn du hast selten so ein wunderschönes Wesen gesehen. Das Fell glänzt und als du es berührst, fühlt es sich sehr weiche an. Das wunderschöne Pferd ist aber eigentlich gar kein normales Pferd, es ist etwas ganz Besonderes. Nachdem du das samtweiche Fell gestreichelt hast, streichelst du nun seinen Kopf und siehst, dass du es mit einem Einhorn zu tun hast. „Oh, ihr möchtet mir ein Einhorn schenken?“, rufst du deinen Eltern zu. Du bist sehr glücklich mit deinem Geschenk. Sofort holst du das Einhorn aus der Box und reitest mit ihm nach Hause.

Am Nachmittag möchtest du noch einen weiteren Ausritt machen und setzt dich auf dein Einhorn. Gemeinsam reitet ihr durch die Wiese, als dein Pferd, das du Lamila getauft hast, plötzlich seine Flügel öffnet. Es hebt mit dir ab und ihr fliegt durch die Luft. Ihr fliegt immer höher und höher, bis du die Wolken mit deiner Hand berühren kannst. Du fühlst dich frei, schwerelos und glücklich. Die Wolken fühlen sich weich und warm an. Du blickst um dich herum und kannst kleine Engel erkennen, die fröhlich auf den Wolken tanzen. Sie machen Musik, singen und spielen miteinander.

Eure Reise geht weiter und du erblickst einen großen Regenbogen. Lamila lässt sich am Regenbogen nieder und du steigst ab. Ihr könnt gemeinsam über den Regenbogen laufen. Dort begegnen euch kleine Kobolde, die ihren Goldschatz beschützen. „Wir wollen euch nichts wegnehmen", sagst du zu einem der Kobolde. Dieser lässt seinen Topf mit Gold aber nicht los. Ihr spaziert weiter über den warmen Regenbogen. Viele kleine Elfen tanzen um euch herum. Sie singen ein tolles Lied und Lamila tanzt. Auch du stimmst in das Lied ein und singst und tanzt mit den Elfen.

Ihr verlasst den Regenbogen und du setzt dich wieder auf den Rücken deines Pferdes. Lamila galoppiert los, breitet die Flügel aus und fliegt. Ihr fliegt über das Land und Felder. Von hier oben kannst du alle Bäume und Blumen auf der Erde erkennen. Du siehst die vielen Häuser und Kinder, die im Garten spielen. Ihr kommt an einem Wald vorbei und Lamila landet neben einem großen Baum. Ihr spaziert eine Weile durch den Wald. Du kannst viele große Bäume sehen, die grüne Blätter haben.

Ihr spaziert den Waldweg entlang und trefft auf einen Bären. Dieser sieht etwas nervös aus. Der Bär möchte dich um jeden Preis vertreiben und rennt auf dich zu. Du weichst aus, aber der Bär versucht es immer wieder. Du kannst zum Glück immer wieder ausweichen und fragst den Bären: „Warum bist du so böse?". Der Bär antwortet: „Ich bin nicht böse, aber ich muss meine Jungen verteidigen." „Aber ich möchte deinen Jungen doch gar nichts tun. Ich möchte einfach nur durch den Wald spazieren", antwortest du. Der Bär beruhigt sich, entschuldigt sich bei euch und lässt dich vorbei. Auch Lamila kann beim Bären vorbeigehen. Ihr setzt eure Reise fort.

Du setzt dich wieder auf Lamilas Rücken und ihr fliegt weiter in ein tolles Land voller Zwerge. Hier sind die Häuser sehr klein. So klein, dass du die Häuser nicht betreten kannst, weil du zu groß bist. Die Zwerge sind sehr freundlich und feiern ein Fest. Ihr reist weiter in ein Land, in dem die Häuser sehr groß sind. Hier ist alles sehr groß. Du siehst riesige Bäume und große Blumen. „Wo sind wir hier?“, fragst du Lamila. Dein Einhorn antwortet: „Wir sind im Land der Riesen. Hier gibt es viele freundliche Riesen, die den Kindern immer wieder Obst und Süßigkeiten mit auf den Weg geben. Ihr erkundet die Welt der Riesen und lernt ein paar freundliche Riesen kennen. Sie behandeln euch sehr nett und geben euch Obst und Süßigkeiten für eure Reise mit. Mit vollgepackten Taschen und nachdem ihr so viele Welten erkundet habt, fliegt ihr wieder nach Hause.

Zu Hause angekommen gehst du in dein Zimmer und legst dich in dein Bett. Dein Einhorn darf vor deinem Fenster schlafen und kann jederzeit zu dir ins Zimmer blicken. Du unterhältst dich noch eine Weile mit Lamila und ihr redet über den schönen Tag, den ihr erlebt habt. „Was hat dir heute am besten gefallen?“, fragt dich Lamila. Du erzählst dem Einhorn, was das Schönste an der Reise war.

„Können wir morgen wieder so ein tolles Abenteuer erleben?“, fragst du. „Wir können jeden Tag wegfliegen. Wir können überall hinfliegen, wo du willst und viele neue Welten erkunden. Wir werden gemeinsam noch sehr viele Abenteuer erleben“, antwortet Lamila. Du freust dich über diese Antwort und schließt deine Augen. Du fühlst dich sehr entspannt und müde. Schon bald schläfst du ein und träumst von einem tollen Abenteuer mit deinem Einhorn Lamila.

9. Schlusswort

Du konntest in diesem Buch viel über Achtsamkeit lesen. Vor allem heutzutage ist es sehr wichtig, dass du dein Kind von klein auf achtsam erziehst. Der Mensch befindet sich in einer sehr schnelllebigen Zeit, in der kaum Platz ist, sich einmal auf sich selbst zu konzentrieren. Dabei ist dies sehr wichtig. Sich auf sich und seine Umwelt zu konzentrieren und sich bewusst mit einzelnen Dingen auseinanderzusetzen, kann dir dabei helfen, besser mit deinen Gefühlen umzugehen. Du lernst im Laufe der Zeit deine Gefühle zu kontrollieren und dich um dich selbst zu kümmern. Für Kinder ist dies ein wesentlicher Aspekt, um ein rücksichtsvoller Erwachsener zu werden. Führe jeden Tag Rituale und Achtsamkeitsübungen durch. Gewöhne dein Kind schon in jungen Jahren daran, achtsam durch das Leben zu gehen.

Wie du siehst, können Achtsamkeitsübungen immer in den Alltag integriert werden und sind nicht besonders aufwendig. Achtsamkeit kann immer und überall verbessert werden. Das Resultat daraus ist, dass du ein ausgeglichenes Kind hast, das seine Gefühle zum Ausdruck bringen kann. Für dein Kind ist es wichtig, dass es verstanden wird und, dass du dir genügend Zeit für ihn / sie nimmst. Zeige deinem Kind, das auch du mit Emotionen umgehen kannst. Ein Wutausbruch lässt sich nicht immer vermeiden. In dieser Situation ist aber nur von Bedeutung, wie du mit deinen Gefühlen umgehst. Sieht dein Kind, dass du ein paar Mal tief durchatmest, statt dich groß aufzuregen, wird dein Kind das nachmachen. Es lernt seine Wut zu kontrollieren und seine Trauer zum Ausdruck zu bringen.

Sorgen und Ängste werden durch Meditation und Fantasiereisen zur Seite geschoben. Kinder können so das Erlebte und die Ängste besser verarbeiten und damit abschließen.

Es ist nie zu spät mit Achtsamkeitsübungen zu beginnen. Natürlich ist es einfacher, wenn du dein Kind von klein auf daran gewöhnst, diese Übungen jeden Tag durchzuführen. Bist du aber erst jetzt auf das Thema Achtsamkeit gestoßen und ist dein Kind schon etwas älter, kannst du trotzdem damit beginnen, deinem Liebling Achtsamkeit zu lehren. Gerade in der Zeit der Pubertät kannst du deinem Kind damit sehr gut helfen. Die Emotionen kochen in dieser Zeit oft über und dein Teenager ist mit seiner eigenen Gefühlswelt überfordert. Achtsamkeitsübungen und die Konzentration auf sich selbst können auch in diesem Alter erlernt werden.

Hat dir mein Buch gefallen?

Sollte dir mein Buch gefallen haben, würde ich mich sehr über eine Rezension freuen. Ich weise gerne darauf hin, dass es keine zwei Minuten dauert, eine kurze Rezension zu schreiben, diese anderen Lesern und mir sehr weiterhilft. Gehe dazu bitte auf Amazon.de und klicke oben rechts auf „Mein Konto“ und wähle dann „Meine Bestellungen“. Dort wirst du dieses Buch schnell finden.

Nach einem Klick auf „Schreiben Sie eine Produktrezension“ bzw. „Kundenrezension verfassen“ siehst du die Möglichkeit, bis zu 5 Sterne zu vergeben. Anschließend schreibst du bitte noch, was dir an meinem Buch besonders gefallen hat. Etwas mehr als 10 Worte reichen bereits. Je mehr Worte du allerdings findest, desto mehr freue ich mich.

Danksagung

Ich möchte mich bei meinem Mann bedanken, der hier sehr viel Geduld und Abwesenheit meinerseits erleiden musste, damit ich dieses Buch schreiben konnte. Vor allem aber auch meinen drei Kindern, ohne die ich sicher nicht so intensiv aus der praktischen Erfahrung hätte schreiben können, was die Achtsamkeit, Mediation und vor allem auch die Fantasiereisen betrifft.

Lesenswerte Literaturempfehlungen

Glückliche Kinder, Starke Kinder

Der Erziehungsratgeber für Kinder, anstrengende Kinder und gefühlsstarke Kinder sowie für Eltern und werdende Eltern.

Mit Extra-Bonus im Buch:

In vielen Kapiteln findest du am jeweiligen Ende tolle Praxisideen und Beispiele, wie du dein Kind zu einem glücklichen heranwachsenden erziehen kannst.

Glückliche Kinder, Starke Kinder von Linda Seefeld

ISBN-13: 978-1791771928
ISBN-10: 1791771920

Vegan Kochbuch - Einfache Rezepte

Einfache Rezepte und Gerichte für jeden Tag, für eine gesunde Ernährung und ein gesundes Leben, schnell und leicht gemacht. Tolle Rezepte, Gesund essen, Vegan einfach, Vegan für Faule.

Mit Extra-Bonus im Buch:

Neun wichtige Regeln für eine gesunde vegane Ernährung
So kannst du alltägliche frische Produkte vegan ersetzen

Vegan Kochbuch von Emma Zedel

ISBN-13: 978-1718129788
ISBN-10: 1718129785

Haftungsausschluss

Der Autor übernimmt keinerlei Gewähr für die Aktualität, Korrektheit, Vollständigkeit oder Qualität der bereitgestellten Informationen und weiteren Informationen. Haftungsansprüche gegen den Autor, welche sich auf Schäden materieller oder ideeller Art beziehen, die durch die Nutzung oder Nichtnutzung der dargebotenen Informationen bzw. durch die Nutzung fehlerhafter und unvollständiger Informationen verursacht wurden, sind grundsätzlich ausgeschlossen, sofern seitens des Autors kein nachweislich vorsätzliches oder grob fahrlässiges Verschulden vorliegt. Alle Angaben wurden vom Autor mit größter Sorgfalt und nach bestem Wissen und Gewissen recherchiert oder spiegeln seine eigene Meinung wider. Der Inhalt des Buches passt möglicherweise nicht zu jedem Leser und die Umsetzung erfolgt ausdrücklich auf eigenes Risiko. Es gibt keine Garantie dafür, dass alles genau so, bei jedem Leser, zu genau den gleichen Ergebnissen führt. Der Autor und/oder Herausgeber kann für etwaige Schäden jedweder Art aus keinem Rechtsgrund eine Haftung übernehmen.

Quellenangaben

Quelle: ©shutterstock.com, Bild-ID: 141839212, Urheberrecht: Maciej Es
Quelle: ©shutterstock.com, Bild-ID: 572213059, Urheberrecht: Svetlana Ivanova
Quelle: ©shutterstock.com, Bild-ID: 797214838, Urheberrecht: SoulGIE
„dip2000/Depositphotos.com“
„Katerina_Dav/Depositphotos.com“
„interactimages/Depositphotos.com“
„MichikoDesign/Depositphotos.com“
„dedMazay/Depositphotos.com“
„atthameeni/Depositphotos.com“
„tajim1/Depositphotos.com“
„dreamcreation01/Depositphotos.com“
„galinashpak/Depositphotos.com“

Impressum

1.4 Auflage
ISBN-13: 978-1717869630

Kontakt: Maik Winter, Bürgerstraße 22, 01127 Dresden
E-Mail: sommerma@gmx.de
Covergestaltung: germancreative
Coverfoto: depositphotos.com

Printed in Poland
by Amazon Fulfillment
Poland Sp. z o.o., Wrocław

38690620R00063